LES

GRANDES JOURNÉES DE L'EMPIRE

NOUVELLE SÉRIE IN-8° CARRÉ

NAPOLÉON Ier, d'après Delaroche.

NOS GLOIRES MILITAIRES

LES

GRANDES JOURNÉES DE L'EMPIRE

PAR

DICK DE LONLAY

TOURS

MAISON ALFRED MAME ET FILS

LES

GRANDES JOURNÉES DE L'EMPIRE

AUSTERLITZ

(2 DÉCEMBRE 1805)

PAR UN CAPORAL DU 4e DE LIGNE

Le 13 novembre 1805, un mois et demi à peine après notre arrivée en Allemagne, nous faisions notre entrée triomphale à Vienne. La vieille métropole de l'empire germanique, au sein de laquelle l'ennemi n'avait jamais paru en maître, voyait défiler nos troupes victorieuses.

Nous ne séjournons pas longtemps à Vienne, et continuons à poursuivre les Russes avec ardeur. Quant à l'armée autrichienne, elle n'existe plus depuis la capitulation d'Ulm. Nous allons coucher dans des villages tout dévastés, par un temps terrible de neige. L'empereur a pris les devants et a établi son quartier général à Brunn, en Moravie. Nous avons quarante lieues à faire pour le rejoindre. Cette marche est des plus pénibles; nous arrivons le troisième jour, accablés de fatigue. Cette ville est belle; nous avons le temps de nous reposer. On donne l'ordre de nous porter en avant à Vischau, près des montagnes de Pratzen. Devant nous une rivière à franchir; mais elle est si fortement gelée, qu'elle ne fait aucun obstacle. Nous campons avec toute l'armée sur les hauteurs d'Austerlitz. En face, sur des collines séparées par une large vallée, se meuvent d'énormes masses sombres : ce sont les soldats russes de l'empereur Alexandre.

Clairon, sapeur et tambour d'infanterie de ligne (1805).

Le 1er décembre, vers deux heures, Napoléon vient faire visite, avec ses maréchaux, à notre front de bandière. « Reposez-vous, mes enfants, nous dit l'empereur, et mettez des pierres neuves à vos fusils. Demain matin nous en aurons besoin; tenez-vous prêts. » Puis, s'adressant à son état-major : « Messieurs, ajoute-t-il, je ne saurais trop vous recommander d'examiner le terrain, parce que demain vous aurez à le parcourir plus d'une fois. » Et leur montrant au loin les Russes, qui défilent en plein jour par une marche de flanc devant notre armée immobile, il ne peut retenir cette exclamation de triomphe : « Avant demain soir cette armée est à moi! »

L'empereur descend alors de cheval et se rend à pied devant notre grand'garde, où l'attend un jeune officier russe, le prince Dolgorouki, envoyé par l'empereur Alexandre, près duquel Napoléon a tenté un dernier effort de négociation. Cet officier s'imagine que notre armée est abattue et démoralisée; il ose parler à notre empereur avec un sans-gêne des plus outrecuidants, et lui propose même d'évacuer la Belgique et de donner la couronne de fer au roi de Sardaigne. Napoléon le congédie sans mot dire; mais il est irrité et témoigne sa mauvaise humeur en frappant du bout de sa cravache les petites mottes de terre éparses sur son chemin. Il discute vivement avec son aide de camp Savary. La sentinelle du poste est restée immobile après lui avoir présenté les armes. Napoléon, très préoccupé, n'y a pas fait attention et continue sur le même ton : « Mais, à les croire, il semble qu'ils n'ont qu'à nous avaler ! — Oh ! oh ! grommelle alors le vieux soldat sans changer de position, nous nous mettrons en travers ! » Ce mot fait sourire Napoléon et le calme. « Tu as raison, dit-il au factionnaire avec un signe de tête approbatif, oui, nous nous mettrons en travers. »

Tirailleurs russes.

Vers minuit l'empereur s'adresse à Junot et à Duroc : « Mettez une redingote sur vos uniformes, dit-il, et venez avec moi ; je veux savoir si tout est en ordre. » Il fait un froid horrible. Les feux de bivouac sont entourés par les soldats, qui causent ou chantent en astiquant leur fourniment pour le lendemain. Quelques-uns racontent les belles campagnes d'Égypte ; les autres parlent de Marengo, puis de la solennité du couronnement, qui a eu lieu l'année précédente à la même époque, et aucun d'eux n'a encore perdu le souvenir des distributions extraordinaires de vivres et de liquides qui leur ont été faites à cette occasion. Quant à

Napoléon, enveloppé dans sa redingote grise, il a déjà passé et repassé inaperçu derrière ces groupes, lorsque tout à coup, arrivé près d'un bivouac de notre 4e de ligne, dont le feu plus ardent vient éclairer son visage pâle et fatigué, un caporal, occupé à mettre une pierre neuve à son fusil, l'aperçoit et s'écrie en reculant de deux pas : « Tiens, le petit caporal ! » A cette exclamation tous lèvent la tête : « L'empereur !... répètent-ils. — Vive l'empereur ! » répondent les soldats du bivouac voisin. Et sur toute la ligne, dans les tentes et jusqu'aux postes avancés, partout le cri de : « Vive l'empereur ! » est porté d'échos en échos jusqu'au centre de l'armée russe, pour qui ce hourra est un sinistre avertissement.

Chaque soldat veut voir son empereur ; les feux deviennent déserts et s'éteignent ; la nuit la plus sombre succède à la clarté douteuse à la faveur de laquelle Napoléon a pu se guider ; mais, par une inspiration générale et instantanée, les soldats, afin d'éclairer sa marche, imaginent de rouler la paille sur laquelle ils couchent et de l'attacher comme un flambeau au bout de leurs baïonnettes. Aussitôt que quelques-uns ont accompli ce dessein, tous les bivouacs imitent cet exemple, et plus de quatre-vingt mille fanaux ainsi allumés montrent à Napoléon son armée debout devant lui ; et, tandis que les brandons enflammés s'agitent dans l'air, de frénétiques acclamations continuent de l'accueillir sur son passage.

L'enthousiasme des soldats est à son comble. Les musiques jouent, les tambours battent la charge. De leurs hauteurs les Russes peuvent voir, à plus de cent pieds, sept corps d'armée, sept lignes de feu qui leur font face.

Un des plus vieux soldats, le grenadier Archer, du 46e de

ligne, s'approche alors de Napoléon et lui dit : « Sire, tu n'auras pas besoin de t'exposer ; au nom de tous mes camarades, je te promets que nous t'amènerons demain les drapeaux et les canons des Russes pour célébrer l'anniversaire de ton couronnement ! — Ce sera notre bouquet ! s'écrie un sous-officier. — Oui ! oui !... Vive l'empereur ! » reprennent avec un accent qui part du cœur tous les soldats qui l'entourent. « Ah ! tu veux de la gloire, dit un autre, eh bien, demain on t'en flanquera ! Sois tranquille, on t'en flanquera ! »

Mameluk de la garde.

Napoléon, vivement ému, ne cherche pas à les éloigner, car il est facile de lire dans ses yeux combien ces preuves d'amour lui sont précieuses. La nuit est déjà avancée, mais le ciel est splendidement étoilé. Napoléon revient à la chétive hutte de paille, sans toit, que lui ont construite ses grenadiers, et dit avec émotion aux chefs dont il est entouré : « Messieurs, cette soirée est la plus belle de ma vie ; mais je regrette de penser que je perdrai bon nombre de ces braves gens. Je sens, au mal que cela me fait, qu'ils sont véritablement mes enfants ! » Puis, s'étendant sur trois chaises, il s'endort profondément.

A quatre heures du matin, le 2 décembre, il est déjà sur pied, monte à cheval et parcourt les postes, pour se faire rendre compte par les grand'gardes de ce que celles-ci ont pu entendre des mouvements des Russes. Il apprend qu'ils ont passé la nuit dans l'ivresse et des cris tumultueux.

Le jour commence à luire ; Napoléon prend position sur

un plateau, au-dessus de celui où il a passé la nuit. Sa garde et les grenadiers d'Oudinot sont en bataille derrière lui. Ses maréchaux, l'habit bleu brodé d'or, le haut chapeau en bataille, sont à cheval à ses côtés.

Un brouillard d'hiver couvre au loin la campagne et ne laisse apercevoir que les parties les plus saillantes du terrain, lesquelles apparaissent sur cette brume comme des îles sur une mer. Un bruit très sensible de canons et de chevaux, sur notre gauche, annonce que l'ennemi quitte ses positions pour venir nous attaquer. De notre côté nous descendons dans les bas-fonds, franchissons un ruisseau gelé, et nous nous arrêtons, cachés par la brume, au pied des hauteurs de Pratzen.

Enfin le soleil se lève radieux, et, dissipant les brouillards, inonde de clarté ce vaste champ de bataille : c'est le soleil d'Austerlitz, et cet anniversaire du couronnement de notre empereur, où va se passer un des plus beaux faits d'armes du siècle, est une des plus belles journées de l'hiver. Cette bataille, que les soldats s'obstinent à appeler la journée des Trois Empereurs, que d'autres appellent la journée de l'Anniversaire, et que l'empereur a nommée la journée d'Austerlitz, est à jamais mémorable dans les fastes de la grande nation.

Napoléon donne alors ses dernières instructions, et les maréchaux partent au galop pour aller se placer à la tête de leurs divers corps d'armée. La gauche de l'armée est confiée au maréchal Lannes, la droite au maréchal Soult, le centre à Bernadotte ; toute la cavalerie a été donnée à Murat. L'empereur s'est placé au centre de la réserve ; à ses côtés Bessières et Rapp, exécuteurs fidèles de ses volontés ; puis Junot, arrivé l'avant-veille de Lisbonne à franc étrier. Junot

Tandis que les brandons enflammés s'agitent dans l'air, de frénétiques acclamations continuent de l'accueillir sur son passage.

est à la tête de dix bataillons de la garde; dix autres bataillons de grenadiers obéissent aux ordres d'Oudinot et de Duroc. Rien n'est comparable à cette réserve d'hommes au teint basané, aux épaisses moustaches, portant le haut bonnet à poil à fourragères blanches, et l'habit bleu à retroussis rouges et revers blancs; à elle seule, cette réserve vaut une armée, car elle compte dans ses rangs les soldats d'Italie, d'Égypte et de Marengo.

Grenadier à cheval de la garde.

Là se trouve aussi massée toute la cavalerie de la garde, les chasseurs à cheval dont Napoléon porte l'uniforme de petite tenue, les grenadiers et les mameluks. Cette magnifique réserve est rangée sur deux lignes et par escadrons. Quarante pièces de canon, servies par l'artillerie légère de la garde, doivent se porter partout où le péril demandera la présence d'un secours prompt et rapide.

Bientôt l'empereur s'élance lui-même pour passer en revue les fronts des régiments, jetant çà et là aux soldats des paroles ardentes : « Soldats, leur dit-il, il faut finir cette campagne par un coup de tonnerre, qui confonde l'orgueil de nos ennemis! » Puis s'adressant au 28e de ligne, presque entièrement composé de conscrits du Calvados : « J'espère que les Normands se distingueront aujourd'hui. » Enfin s'approchant du 57e : « Quant à vous, ajoute-t-il, je vous ai surnommé le *Terrible*. Ne l'oubliez pas. »

Au même instant un coup de canon se fait entendre. Une batterie de notre garde vient de donner le signal du combat. Un long cri de : « Vive l'empereur! » répond à ce signal. Les soldats agitent leurs shakos au bout des baïonnettes. « C'est la bataille qui commence! » Tel est le mot qui circule dans tous les rangs. Aussitôt notre armée s'ébranle.

Nos bataillons montent la côte de Pratzen l'arme au bras. Nous nous sommes faits beaux pour la bataille, avec nos nouveaux shakos en forme de pots de fleurs, chargés de fourragères, de plaques en cuivre, de jugulaires à écailles. Sur notre petit habit bleu, à épaulettes de laine rouge et à pans écourtés, se croisent nos buffleteries, que nous venons de blanchir à la craie. Nos officiers, en culotte collante et à bottes à retroussis jaunes, marchent en serre-file, nous disant à chaque instant : « En avant! mes enfants, en avant! »

Le brouillard règne encore dans les bas-fonds, et nous enveloppe dans une sorte de nuage. Tout à coup nous apercevons, confusément et à quelques pas de nous, des masses de troupes, sans distinguer la couleur de leur uniforme. Notre hésitation n'est pas de longue durée; des hourras sauvages éclatent de tous côtés, accompagnés d'une violente fusillade à bout portant. Tout le groupe de tambours de notre bataillon est fauché par les balles. Nous ripostons au salut de cette ligne par des feux de bataillon, puis, la baïonnette croisée, nous courons sur les Russes en battant la charge.

Bientôt nous arrivons sur les Russes. Ce sont de beaux et vigoureux soldats, à la veste verte, au pantalon gris collant, descendant sur le cou-de-pied en forme de guêtre et boutonné tout le long de la couture. Le shako, recouvert en toile cirée, est évasé et recourbé dans le milieu. Du premier choc nous enfonçons cette ligne à grands coups de baïonnettes; une seconde ligne accourt, et pendant quelques instants on n'aperçoit plus qu'une affreuse mêlée, où tout le monde combat corps à corps. L'ennemi bat enfin en retraite, laissant le terrain couvert de ses morts et de ses blessés, et remonte rapidement la côte.

Notre infanterie s'avance d'un pas lent et mesuré sur ce terrain, abandonné par les soldats d'Alexandre. Les Russes nous opposent quarante bouches à feu qui vomissent une grêle de projectiles. On répond à cette rude canonnade par le feu de toute notre artillerie. La canonnade se propage sur toute la ligne; c'est un bruit horrible, une épouvantable lutte, un véritable combat de géants.

Dans ce duel à coups de canon, le général Valhubert a la cuisse emportée par un boulet; quatre soldats se présentent pour l'enlever : « Souvenez-vous de l'ordre du jour, leur crie-t-il d'une voix de tonnerre, et serrez vos rangs. Restez à votre poste; je saurai bien mourir seul. »

Nous marchons de nouveau en avant et partons au pas de course, la lourde giberne, sous laquelle est bouclé notre bonnet de police, nous sautant sur les reins. Devant nous, profondément encaissé dans un ravin, se trouve un village qui ne se fait voir que par la flamme qui le dévore. Nous approchons rapidement du plateau de Pratzen, couronné par une triple ligne d'infanterie russe, d'où jaillissent des milliers d'éclairs. Les officiers ennemis, l'habit vert bombé sur la poitrine et serré à la taille par une ceinture d'argent, le haut chapeau surmonté d'une touffe pyramidale de plumes noires flottant au vent, parcourent les rangs et maintiennent les hommes à leur poste.

Le 36e de ligne forme la tête de colonne, et se déployant avec un aplomb parfait, durant quelques instants échange, à demi-portée, une fusillade meurtrière.

Cependant nos régiments, accablés par cette masse de feux

croisés, éprouvent des pertes cruelles. Le colonel de Lamotte, du 36e de ligne, s'adresse alors au général Saint-Hilaire et lui dit : « Général, marchons en avant et à la baïonnette, ou nous sommes perdus. — Oui, en avant! » répond Saint-Hilaire ; et se tournant vers nous : « Grenadiers du 4e de ligne, vous aurez l'honneur de charger les premiers ; souvenez-vous qu'il s'agit de l'honneur des aigles françaises. » Tous les soldats s'écrient : « En avant, général! nous sommes tous grenadiers. »

La charge bat, on croise aussitôt la baïonnette. La colonne s'avance avec impétuosité, sans répondre à la fusillade, et en criant : « Point de quartier, ce sont les Russes ! »

Notre première ligne enfonce ses baïonnettes dans le corps des soldats des premières files ennemies en déchargeant en même temps ses fusils, ce qui produit une détonation sourde qui épouvante les files suivantes.

Une colonne de grenadiers moscovites, aux énormes moustaches rousses et coiffés du haut shako à plaque de cuivre, arrivent au secours des régiments engagés. Le 15e léger, qui supporte le poids principal de cette attaque, recule un instant, un seul. Son chef, le major Dulong, saisit à cette vue l'aigle du 2e bataillon et s'écrie : « Soldats, je m'arrête ici ; voyons si vous abandonnerez votre étendard et votre chef! » Cette noble apostrophe arrête les deux bataillons, qui continuent la lutte avec plus de fureur que jamais. Les lieutenants Deschamps et Brondès, porte-aigles de ce régiment, disputent leurs enseignes, avec une bravoure incroyable, contre plus de trente grenadiers russes qui veulent s'en emparer, et les conservent. Deschamps, doué d'une force extraordinaire, assomme plusieurs de ses adversaires avec l'aigle qu'il tient entre ses mains.

Enfin les Russes sont culbutés dans les bas-fonds de Sokolnitz et sur le revers du plateau de Pratzen, vers la route d'Austerlitz. Dans ce combat acharné, le 48e, commandé par le brave Barbanègre, enlève trois drapeaux aux grenadiers russes ; le 36e s'en empare de treize pour sa part. Emporté par l'ardeur du succès, notre bataillon se laisse entraîner à la poursuite des Russes et descend au pas de course un terrain incliné et couvert de vignes. Nos hommes sautent par-dessus les sarments desséchés, en faisant résonner sous les talons de leurs lourds souliers la terre durcie et gelée.

Tout à coup le sol tremble au loin : une nuée de cavaliers, à l'habit bleu de ciel boutonné sur la poitrine, coiffés d'un énorme casque en cuir d'une hauteur démesurée avec plaque à l'aigle à deux têtes, et ayant le cimier orné d'une crinière noire coupée en brosse, se précipitent sur nous au galop de leurs grands chevaux alezans. Ce sont les dragons de la garde russe, que le grand-duc Constantin vient de lancer sur nous. Avant que nous ayons pu nous reconnaître et former le carré sur ce terrain embarrassé de vignes, les dragons sont au milieu de nous, nous culbutent sous leurs chevaux et nous sabrent sans pitié.

Le désordre est à son comble. Dans cette confusion, notre porte-drapeau, le sergent-major Gouvion Saint-Cyr, neveu du général de ce nom, reçoit quatorze coups de sabre sur la tête et les mains et tombe à terre. Un sous-officier, voulant recueillir l'aigle, est tué à son tour. Un soldat la saisit des mains du sous-officier, mais, mis lui-même hors de combat, ne peut empêcher les cavaliers de Constantin d'enlever ce trophée.

De la hauteur où il est placé, Napoléon aperçoit cette échauffourée. « Il y a là du désordre, dit-il à Rapp, cours le réparer avec les chasseurs et les mameluks; et toi, Bessières, suis-le avec les invincibles grenadiers à cheval. »

Rapp part au galop avec les mameluks et deux escadrons de chasseurs et s'avance en bon ordre, ayant à sa gauche le brave colonel Morland, des chasseurs, et à sa droite le lieutenant-colonel Dalhmann. En approchant, Rapp aperçoit les cavaliers russes, au milieu des débris de notre carré, achevant avec fureur notre malheureux bataillon. Un peu en arrière, il discerne les masses à pied et à cheval qui forment la réserve.

De notre côté, nous avons entendu éclater tout près de nous le cri de : « Vive l'empereur ! » et nous distinguons, à travers la fumée, les hauts colbacks à flammes écarlates, ainsi que les turbans verts des chasseurs et des mameluks. A cette vue nous reprenons courage. L'ennemi, lui aussi, a aperçu notre cavalerie, et, nous abandonnant, court se jeter sur elle. Quatre pièces d'artillerie de la garde russe accourent au galop et se mettent en batterie devant nous. Rapp les montre à la pointe du sabre à ses braves cavaliers : « Voyez, leur dit-il, nos frères, nos amis, qu'on foule aux pieds ; vengeons-les, vengeons nos drapeaux ! »

Le brave trompette-major Krettly, des chasseurs, et ses trompettes sonnent la charge. Une décharge à mitraille accueille les chasseurs à bout portant : une partie de l'état-major du régiment tombe, ainsi que l'intrépide Morland, qui le matin même a été fait général. Mais rien n'arrête l'élan endiablé de notre cavalerie. Krettly, à la tête de ses deux pelotons de trompettes, se rue avec tant d'impétuosité sur les canonniers ennemis, que les pièces sont enlevées. Huit des trompettes qui le suivent reçoivent, après ce glorieux coup de main, la croix de la Légion d'honneur. Le

Bataille d'Austerlitz. — Le 4e de ligne chargé par les dragons de la garde impériale russe.

lieutenant-colonel Dalhmann prend aussitôt le commandement des chasseurs et des mameluks, qui enfoncent la cavalerie ennemie. Ces mameluks sont de merveilleux cavaliers : ils font de leur cheval ce qu'ils veulent. Avec leur sabre recourbé ils enlèvent une tête d'un seul coup, et avec leurs étriers tranchants, ils coupent les reins d'un soldat. L'un d'eux revient à trois reprises différentes apporter à l'empereur un étendard russe ; à la troisième Napoléon veut le retenir, mais il s'élance de nouveau et ne revient plus. Il reste sur le champ de bataille.

Toute cette masse de cavalerie, Français et Russes, vainqueurs et vaincus, passe au milieu de nous comme un ouragan, et dépasse le terrain que notre bataillon couvrait de ses débris. Aussitôt les soldats qui ne sont pas blessés se relèvent et se reforment, sous les ordres du major Bigarré, pour venger leur échec. Devant nous, notre cavalerie, arrivée jusqu'aux lignes de la garde russe, est assaillie par une seconde charge des cavaliers ennemis. Cette fois ce sont les chevaliers-gardes d'Alexandre, troupe magnifique, portant la cuirasse noire sur l'habit blanc, le casque d'acier à chenille noire et la schabraque rouge, qui, dirigés par leur colonel, le prince Repnine, se jettent sur notre cavalerie.

Malgré tout leur courage, chasseurs et mameluks ont affaire à trop forte partie. Ces chevaliers-gardes sont composés d'hommes gigantesques, qui se battent en déterminés. Nos chasseurs sont ramenés. Mais à ce moment arrivent au galop les grenadiers à cheval, conduits par le maréchal Bessières au secours de Rapp. Ces superbes cavaliers, montés sur de grands chevaux noirs, sont jaloux de se mesurer avec les chevaliers-gardes d'Alexandre. Ils passent à côté de nous comme l'éclair et fondent sur l'ennemi.

Pendant un quart d'heure, c'est une mêlée incroyable, et ce quart d'heure nous paraît un siècle. On ne peut rien distinguer dans la fumée et dans la poussière. L'infanterie de la garde russe, témoin de ce rude combat, n'ose pas, elle aussi, faire feu, de peur de tirer sur les siens. Le combat est terrible : on lutte corps à corps.

Enfin les grenadiers à cheval, les chasseurs et les mameluks, vieux soldats éprouvés en cent batailles, triomphent des chevaliers-gardes d'Alexandre et les dispersent.

Nous avançons derrière notre cavalerie, et nous nous jetons à notre tour sur l'infanterie de la garde russe. Devant nous se trouve le régiment d'infanterie de la-garde de Moscou, troupe d'élite, portant sur le col et les poignets écarlates de l'habit vert de nombreux ornements de laine jaune, et dont les shakos sont surmontés de plumets verts d'une longueur démesurée. Le major Bigarré est dans un état d'exaltation indicible : l'uniforme criblé de coups, son épaulette droite arrachée par une balle, il se jette sur l'ennemi en nous criant : « C'est maintenant qu'il faut venger notre affront de ce matin ou mourir! » En un clin d'œil nous enlevons une formidable batterie, ainsi que le régiment de Moscou en entier, avec son colonel et ses deux drapeaux.

Placés sur une élévation à peu de distance du champ de bataille, Alexandre et l'empereur d'Autriche ont été témoins de la défaite et ont vu cette garde russe, qui devait fixer la victoire, taillée en pièces par une poignée de braves. Les canons, les drapeaux, le prince Repnine sont dans nos mains. Rapp, qui dans la mêlée a reçu un coup de pointe à la tête, vient rendre compte de ce brillant engagement à l'empereur. Son sabre est brisé; il est couvert de sang et

Bataille d'Austerlitz. — Le général Rapp vient annoncer à Napoléon la défaite de la garde impériale russe.
(D'après le tableau de Gérard au musée de Versailles.)

de poudre ; il amène à sa suite le prince Repnine. « Sire, s'écrie ce malheureux officier en s'adressant à Napoléon, faites-moi fusiller, j'ai perdu mes canons et mes drapeaux. — Prince, lui répond Napoléon, j'apprécie vos regrets ; mais on peut être battu par mon armée sans cesser pour cela d'être un brave militaire et d'avoir droit à mon estime. Rapp, que l'épée du prince Repnine lui soit rendue ! »

Il est une heure du soir : la victoire est décidée ; elle n'a jamais été douteuse. Pas un homme de la réserve n'a été nécessaire et n'a donné nulle part. L'infanterie de la garde n'a pas bougé de derrière Napoléon.

Un corps considérable de l'armée russe, qui a été successivement chassé de toutes ses positions, se trouve en ce moment dans un bas-fond, acculé à des étangs glacés sur lesquels il essaye de fuir. Napoléon se porte de ce côté avec l'artillerie légère de la garde. « Sire, faut-il les mitrailler ? demande Berthier. — Il faut les anéantir tous, » répond l'empereur. Aussitôt les pièces, au lieu d'être dirigées sur cette masse de soldats, sont pointées sur la glace. Bientôt les boulets la brisent par larges morceaux, sur lesquels des compagnies, des bataillons entiers flottent un instant et s'abîment. On voit alors se renouveler le spectacle horrible auquel on a déjà assisté à Aboukir : vingt mille malheureux soldats se noyant et poussant d'horribles cris ; en quelques instants, hommes, chevaux, canons, caissons, tout est englouti. Des milliers de Russes mettent bas les armes sur le bord de ces étangs. Leur parc entier et quarante-cinq drapeaux sont pris. Jamais champ de bataille n'a été plus horrible. Du milieu de ces lacs immenses, on entend encore les cris de milliers d'hommes qu'on ne peut secourir.

Le soir, nous occupons la belle position où la garde russe

était installée le matin, et l'empereur donne tous ses soins à faire relever les blessés. Il y a deux lieues de champ de bataille à parcourir pour les ramasser ; tous les corps fournissent du monde pour cette pénible corvée. Napoléon parcourt le terrain de l'action, et rien n'est plus touchant que de voir tous nos soldats blessés le reconnaître. Les uns oublient leurs souffrances et disent : « Au moins la victoire est assurée ; » les autres : « Vous devez être content de vos soldats aujourd'hui ; » d'autres : « Nous souffrons bien et nous sommes abandonnés depuis le commencement de la bataille, mais nous avons fait notre devoir. »

En continuant son inspection, l'empereur arrive devant notre bataillon, qui présente aussitôt les armes. Soudain il arrête son cheval, et promenant sur notre ligne un regard irrité : « Soldats, s'écrie-t-il d'une voix terrible, qu'avez-vous fait de l'aigle que je vous avais donnée et que vous m'aviez juré de défendre jusqu'à la mort ? » Notre major, le brave Bigarré, s'avance, la pointe de l'épée basse : « Sire, dit-il, nous avons été surpris pendant notre formation en carré et chargés plusieurs fois par la cavalerie de la garde russe. Dans la confusion, le drapeau a disparu, et nous ne nous en sommes aperçus qu'entre deux charges. Alors, sire, nous nous sommes jetés en désespérés sur l'ennemi et sommes allés conquérir ces deux drapeaux, pour vous supplier de nous rendre une nouvelle aigle en échange. » Et sur un signe du major deux sous-officiers s'approchent, porteurs chacun d'un drapeau du régiment de la garde de Moscou, sur lequel brille l'aigle noire à deux têtes.

L'empereur à cette vue paraît s'adoucir. « Soldats, nous dit-il, pouvez-vous me jurer qu'aucun de vous ne s'est aperçu de la prise de votre insigne, et qu'alors vous vous seriez tous fait tuer jusqu'au dernier, plutôt que d'abandonner ce symbole sacré de l'honneur? — Oui! oui! nous le jurons! » répondons-nous la main droite tendue en avant. « Je sais bien que vous n'avez pas été lâches, vous n'avez été qu'imprudents, ajoute Napoléon; j'accepte l'échange et vous donnerai une nouvelle aigle. » — Puis s'adressant au major Bigarré et lui posant le doigt sur le revers de son habit, qui a été coupé par un biscaïen : « Quant à vous, *colonel*, vous irez demain trouver de ma part Berthier, qui vous remettra une rosette rouge pour boucher cette boutonnière là. »

Les résultats de cette bataille furent immenses. « J'ai livré trente batailles comme celle-ci, disait Napoléon, mais je n'en ai vu aucune où la victoire ait été si décidée et où les destins aient été si peu balancés. » Et plein de reconnaissance pour nos braves soldats : « Je suis content de vous, s'écriait-il, vous avez couvert vos aigles d'une gloire immortelle. »

IÉNA

(14 OCTOBRE 1806

PAR UN MARÉCHAL DES LOGIS DU 2e DRAGONS

Depuis longtemps déjà la Prusse nous provoquait sans cesse. On ne parlait à Berlin qu'avec mépris de l'armée française : on se disait qu'on était toujours les soldats de Rosbach, et que les succès de Napoléon sur des généraux incapables trouveraient leur terme devant le vieux duc de Brunswick, l'élève du grand Frédéric. La reine Louise, belle, romanesque, habillée en amazone, portant l'uniforme de son régiment de dragons, se montrait à cheval au milieu des troupes, excitant les courages, entraînant la cour et son époux à l'abîme.

Le 7 octobre 1806, notre empereur reçoit une lettre du roi de Prusse d'une vingtaine de pages, qui n'est qu'un mauvais pamphlet contre la France. Il n'en achève pas la lecture et dit aux personnes qui l'entourent : « Je plains mon frère le roi de Prusse ; il n'entend pas le français ; il n'a sûrement pas lu cette rapsodie. » Puis, s'adressant au maréchal Berthier : « Maréchal, on nous donne un rendez-vous d'honneur pour le 8 ; jamais un Français n'y a manqué ; mais, comme on dit qu'il y a une belle reine qui veut être témoin des combats, soyons courtois et marchons, sans nous coucher, vers la Saxe. »

Le 8 octobre, la grande armée, forte de cent soixante-dix mille soldats incomparables, qui est cantonnée en Allemagne, se met aussitôt en mouvement. Le 2e régiment de dragons, dont je faisais partie, appartenait à la division Latour-Maubourg, du corps de Murat, et était commandé par le colonel Privé, un brave s'il en fut. Nous portions l'habit vert à boutons blancs, à retroussis et revers écarlates, les poches en travers et garnies d'un passepoil écarlate, le gilet blanc, la culotte de peau et les bottes fortes. Notre casque de cuivre, à longue crinière et entouré d'un bandeau de peau de tigre, avait le plumet écarlate et vert, l'écarlate en haut. Comme harnachement, la schabraque en peau de mouton et le tapis vert à galon et grenades blancs. Comme armement, le fusil à capucines de cuivre et à baïonnette, plus court que celui de l'infanterie, deux pistolets et un sabre à fourreau de cuir garni de cuivre. Nos trompettes avaient l'habit écarlate, couleur distinctive du régiment, et les hommes de notre compagnie d'élite, habillés comme les cavaliers des autres escadrons, portaient en outre l'épaulette écarlate et remplaçaient le casque par le haut bonnet à poil des grenadiers à cheval de la garde impériale.

Nos troupes rencontrent bientôt celles de l'ennemi, le 9 octobre à Schleitz, le 10 à Saalfeld ; les Prussiens sont enfoncés, culbutés en un instant : dans cette dernière rencontre, le maréchal des logis Guindé, du 10e régiment de hussards, abat d'un coup de sabre le prince Louis de Prusse, un des plus ardents promoteurs de la guerre.

La confusion est dans le camp ennemi ; les plans des généraux prussiens sont renversés. Coupés de l'Elbe, coupés de

Berlin, à demi enveloppés déjà, le vieux duc de Brunswick et le prince de Hohenlohe ne songent plus qu'à faire retraite au plus vite; mais il est trop tard : si près de Napoléon, on ne lui échappe pas. Nous nous dirigeons à marches forcées sur Iéna, où les soixante-dix mille hommes du prince de Hohenlohe se sont retirés, avec ordre de ne pas accepter le combat.

Napoléon et la grande armée entrent en Prusse (8 octobre 1806).

Le 13 octobre, dans le milieu de la journée, nous arrivons en vue d'Iéna, où la vallée de la Saale commence à s'élargir. Nos piquets de dragons marchent en avant et cheminent sur la rive droite, qui est basse, humide et couverte de prairies. La température est glaciale et nous oblige de nous couvrir de nos grands manteaux de drap blanc, piqués de bleu. De l'autre côté de la Saale, sur les hauteurs escarpées qu'on gravit par des ravins étroits, tortueux, ombragés de bois, on aperçoit les vedettes du prince de Hohenlohe, des uhlans à l'uniforme bleu et gris et coiffés d'un schapska en cuir bouilli.

Nous traversons rapidement Iéna, dont toutes les maisons

sont closes et fermées. Silence absolu; tout le monde est parti. Au sortir de la ville, nous arrivons au pied d'une montagne escarpée que les Allemands appellent le Landgrafenberg; nous entendons pétiller au-dessus de nos têtes une fusillade enragée. Ce sont des voltigeurs du maréchal Lannes qui, en débouchant sur la crête de cette montagne, se sont heurtés aux avant-postes prussiens. En face d'eux apparaît l'armée prussienne, campée sur les plateaux de la rive gauche de la Saale et échelonnée sur la route d'Iéna à Weimar. A la vue des habits écourtés à collets et épaulettes jaunes de nos voltigeurs, les soldats du général Tauenzien s'écrient avec effroi : *Da kommen die kleine Manner* (Voilà les petits hommes qui viennent)! Ce cri de terreur sème partout l'épouvante.

Nos voltigeurs engagent aussitôt le feu. Les premiers postes prussiens sont rapidement enlevés; mais des réserves accourent : un moment d'hésitation, et tout est perdu. Nos braves troupiers, avec leur instinct inné de la guerre, se massent tout à coup, et, aux sons aigus de leurs cornets de cuivre, contiennent l'ennemi par plusieurs charges à la baïonnette.

Napoléon et Lannes accourent au galop, suivis d'une escorte de chasseurs de la garde, dont les pelisses écarlates flottent au vent, et examinent la position au milieu du feu des tirailleurs, qui ne discontinue pas et rend la reconnaissance fort dangereuse. Il faut se hâter et profiter de l'espace conquis par nos tirailleurs pour s'établir sur le plateau, car à quelques pas seulement se trouve le corps du général Tauenzien, séparé de nos voltigeurs par un léger pli de terrain.

Des aides de camp sont envoyés dans toutes les directions

pour amener nos troupes en toute hâte. Nos colonnes prennent le pas de course et grimpent au plateau par une rampe escarpée : la cavalerie, puis le corps de Lannes et la garde. A mesure que les régiments débouchent, l'empereur les range en bataille. La nuit est tombée pendant que nous arrivions sur le Landgrafenberg ; aussi faut-il nous placer à tâtons sur le bord des précipices; personne ne se voit; le

Bivouac de Napoléon sur le Landgrafenberg, la veille d'Iéna (13 octobre 1806).

plus grand silence est nécessaire, l'ennemi est près de nous.

Napoléon fait camper sa garde en un carré de quatre mille hommes, et dresse sa tente au centre de ce carré. Mais ce n'est pas tout que d'amener l'infanterie et la cavalerie sur le plateau, il faut y transporter l'artillerie; et on vient d'annoncer à l'empereur que nos batteries, arrivées au pied de cette terrible montagne, ne peuvent la franchir. Ayant descendu la rampe qui mène à Iéna, Napoléon trouve toute l'artillerie du maréchal Lannes engagée dans un ravin que l'obscurité a fait prendre pour un chemin.

Ce défilé est tellement resserré, que l'essieu des pièces

porte des deux côtés sur le rocher. Dans cette position, l'artillerie ne peut ni avancer ni reculer, parce qu'il y a deux cents fourgons à la suite les uns des autres, et cette artillerie est justement celle qui doit le lendemain être employée la première, celle des autres corps étant restée en arrière. En véritable officier d'artillerie qu'il est, Napoléon rassemble les canonniers et les sapeurs du génie, leur fait prendre des outils de parc, allumer des falots; lui-même en prend un, avec lequel il éclaire les artilleurs, qui, sous sa direction, travaillent à élargir le ravin jusqu'à ce que la fusée des essieux cesse de porter sur le roc. Il ne se retire, vers une heure du matin, que lorsque le chemin est terminé et que la première pièce de canon passe devant lui, attelée de douze chevaux, sans parler ni faire le moindre bruit. On monte quatre pièces par voyage, et on les met aussitôt en batterie devant notre front de bandière. Puis on retourne avec les mêmes chevaux au pied de cette montagne pour les atteler à d'autres bouches à feu. Une partie de la nuit est employée à ce pénible travail, et l'ennemi ne s'en aperçoit pas.

Une obscurité profonde enveloppe le champ de bataille : Napoléon a permis de faire seulement deux ou trois petits feux par compagnie et escadron. Mais l'armée prussienne a allumé de véritables brasiers. On voit les feux du prince de Hohenlohe sur toute l'étendue des plateaux, et au fond, à l'horizon à droite, sur les hauteurs de Naumbourg, ceux du duc de Brunswick.

La nuit est froide. Depuis le coucher du soleil, il a fait une gelée blanche, accompagnée d'un brouillard épais, qui couvre au loin la campagne, comme celui qui a enveloppé pendant quelques heures le champ de bataille d'Austerlitz.

Cette disposition de l'atmosphère a, comme on l'a vu,

Murat à Iéna. (D'après le tableau de H. Chartier.)

engagé Napoléon à former ses troupes en grosses masses, qui se touchent presque, afin d'être plus facilement employées. Le vaste plateau que nous occupons se trouve à peine à deux cents toises de la position des Prussiens. Les sentinelles ne distinguent rien à dix pas autour d'elles.

Napoléon, qui s'est reposé de deux à cinq heures du matin, enveloppé dans un manteau, devant un feu de bivouac, est à cheval, le 14 octobre avant l'aube, pour visiter les troupes qui ont déjà pris les armes. Le jour vient de poindre, mais l'obscurité est encore si profonde, que l'empereur est obligé de se faire éclairer pour se conduire. Escorté par des hommes portant des torches, il parcourt le front des troupes, rappelant aux soldats qu'il y a un an, à pareille époque, ils ont pris Ulm.

« L'armée prussienne est cernée, leur dit-il; elle ne se bat plus que pour pouvoir effectuer sa retraite. Le corps qui la laisserait passer serait perdu d'honneur!... Soldats, ajoute-t-il en élevant sa voix, je lui retirerai ses aigles. — Marchons! marchons! En avant! Vive l'empereur! » s'écrie-t-on de toutes parts.

Arrivant devant le 64e de ligne, Napoléon dit au sergent-major qui porte l'aigle de ce régiment : « Déploie le drapeau! Je veux voir aujourd'hui l'aigle guider le 64e au champ d'honneur. »

Quoique le brouillard soit très épais, à travers son épaisseur même, les avant-postes ennemis ont aperçu la lumière des torches qui se promènent devant leurs lignes, et entendent en même temps les cris de joie de nos soldats; ils nous souhaitent le bonjour par une volée de coups de fusil, dont les balles passent au-dessus de Napoléon et de son escorte et donnent l'alarme au général Tauenzien.

Toute l'armée marche en avant sans y voir d'un pas; il faut tâter comme des aveugles, nous heurtant les uns contre les autres dans le brouillard. Au bruit du mouvement qui s'entend devant nous, on reconnaît qu'il faut faire halte et commencer l'attaque. Le brave maréchal Lannes s'avance rapidement; le 17e léger, qui forme notre tête de colonne, est accueilli par un feu de salve et le rend immédiatement. C'est le signal pour toute la ligne. On se fusille, voyant seulement la lueur, entendant le bruit de la fusillade, mais sans se distinguer les uns les autres. Le maudit brouillard nous gêne; mais nos colonnes avancent toujours sous les balles qui partent du sein de cette brume épaisse, et nous avons du terrain pour nous reconnaître. Enfin le brouillard qui couvre les deux armées est dissipé par un magnifique soleil d'automne, et nous pouvons nous voir en face.

Il est neuf heures du matin. L'armée prussienne s'ébranle tout entière au-devant de notre armée, qui débouche du plateau d'Iéna à petite portée de canon. Notre gauche, appuyée sur un village et sur des bois, est commandée par le maréchal Augereau. La garde impériale la sépare du centre qu'occupe le corps du maréchal Lannes. La droite est formée par le corps du maréchal Soult. Devant nous s'étendent les lignes bleues et grises de l'armée prussienne, qui montrent une nombreuse et formidable cavalerie.

Napoléon nous fait arrêter, et pendant près d'une heure les deux armées s'observent. Tout à coup nous entendons sur notre gauche une fusillade épouvantable. L'empereur envoie un officier pour savoir ce qui se passe, et apprend que c'est le maréchal Ney qui, emporté par son ardeur de combattre, s'est avancé avec trois mille hommes, seules troupes qui soient encore arrivées de son corps d'armée, et a engagé la reprise de l'action avant même que Napoléon en ait donné le signal. L'empereur se porte aussitôt à fond de train sur l'aile gauche, contre laquelle le prince de Hohenlohe vient de lancer une masse de cavalerie. Ses manœuvres sont exécutées avec précision et rapidité. Toute notre ligne s'avance pour soutenir le téméraire duc d'Elchingen.

Bataille d'Iéna (14 octobre 1806).
Napoléon culbute l'armée du prince de Hohenlohe sur Weimar.

En moins d'une demi-heure l'action devient générale : de part et d'autre on manœuvre comme à une revue, et on se charge avec une égale intrépidité. Notre artillerie à cheval s'avance audacieusement; une pièce du 6e régiment d'artillerie, servie par le maréchal des logis Belletoise, se porte tellement en avant de nos tirailleurs, que, pendant quelque temps, nous croyons que ce canon appartient à l'ennemi.

L'artillerie à cheval prussienne accourt de son côté, se

met rapidement en batterie et se prépare à broyer sous une pluie de mitraille l'avant-garde de Ney; celui-ci lance aussitôt sur cette artillerie le 10e chasseurs à cheval. Nous voyons les vestes vertes et les shakos de ces cavaliers déboucher brusquement d'un bouquet de bois. Ce régiment se forme sous une grêle de balles : en tête, les chasseurs de la compagnie d'élite, coiffés du colback, le manteau blanc roulé en bandoulière en travers du plastron jaune. Chargée avec un entrain irrésistible, l'artillerie ennemie est sabrée, et perd sept pièces de canon.

Mais une masse de cuirassiers ennemis, la demi-cuirasse noire bouclée sur l'habit jaunâtre et coiffés du casque à haut cimier de crins noirs, fond sur nos chasseurs et les oblige à se retirer précipitamment. Ney lance alors le 3e hussards. En un clin d'œil nos cavaliers pénètrent au milieu des lourds cuirassiers, qui, percés par les pointes aiguisées de nos bancals, prennent la fuite dans le plus grand désordre.

Mais que peuvent faire ces deux petits régiments contre plus de trente escadrons de dragons et de cuirassiers? Ils cherchent un abri derrière notre infanterie. Ney n'a sous la main qu'un bataillon de grenadiers et un autre de voltigeurs. Il les forme en deux carrés, puis, se plaçant lui-même dans l'un des deux, les oppose aux charges de la cavalerie prussienne. Il laisse approcher les cuirassiers ennemis jusqu'à vingt pas de ses baïonnettes, et les terrifie par l'aspect d'une infanterie immobile qui a réservé ses feux. A son signal, une décharge à bout portant couvre le terrain de morts et de blessés. Des hauteurs où nous sommes rangés en bataille nous voyons ces deux faibles carrés, l'un présentant une surface écarlate, l'autre une surface jaune, par les pompons et les épaulettes des grenadiers et des voltigeurs, se défendre contre toute la cavalerie ennemie. Plusieurs fois assaillis, ils demeurent toujours inébranlables.

Napoléon lance à leur secours deux nouveaux régiments de cavalerie légère, conduits par le général Bertrand. Le 9e hussards, superbe avec ses dolmans écarlates, ses pelisses bleu de ciel à tresses jaunes et ses hongroises bleu de ciel, enfonce les grenadiers de Gravert, qui est grièvement blessé, mais perd lui-même son colonel, le bouillant Barbanègre, tué raide à la tête de la charge. En vain la cavalerie prussienne essaye-t-elle d'écraser ces quatre régiments; nos chasseurs et nos hussards lui tiennent tête, reviennent sans cesse à la charge, soutenus, enivrés par la victoire. A chaque pas ils font des prisonniers, et enlèvent l'artillerie par batteries entières. L'empereur, en voyant leurs exploits, s'écrie avec enthousiasme : « Oh! qui pourrait résister à de tels hommes! »

Il est onze heures; nous voyons poindre dans le lointain les réserves du maréchal Ney, qui avancent au pas de course et arrivent sur le terrain au plus fort de la bataille. En même temps les vingt mille hommes du général Ruchel surviennent pour nous disputer la victoire.

Murat paraît à cet instant devant le front de nos escadrons de dragons et de cuirassiers qui n'ont pas encore donné, et s'adressant au groupe de nos généraux qui tiennent la droite, leur crie : « Messieurs, j'ai besoin de vous. » Cuirassiers et dragons s'ébranlent aussitôt, et quelques minutes après nous sommes sous le feu des batteries prussiennes : les boulets se succèdent rapidement dans nos rangs.

Tout à coup la voix éclatante de Murat fait entendre ces mots : « Trompettes, sonnez la charge! » Aussitôt notre régiment, le 2e dragons, qui tient la tête de la charge, s'élance avec la rapidité de l'éclair; on sent trembler le sol sous les pieds des chevaux. Nos braves cavaliers, frémissant de voir la victoire décidée sans eux, se précipitent, impatients de prendre part à la bataille. Il leur faut à tous leur part de gloire, et les voilà qui se jettent comme des lions sur la cavalerie prussienne, qui couvre le flanc gauche de Ruchel. Un combat corps à corps s'engage.

La mêlée est longue et acharnée ; mais qui pourrait résister aux dragons du 2e régiment, conduits par Murat ? La cavalerie de Ruchel est dispersée. Cet infortuné général, ami peu sage mais ardent de son pays, s'est offert de sa personne au premier choc. Frappé d'une balle au milieu de la poitrine, il est emporté mourant dans les bras de ses soldats. L'infanterie prussienne se forme alors en carrés, les soldats, le shako ciré à haut plumet enfoncé jusqu'aux yeux, la capote roulée en bandoulière sur la veste bleue, le pantalon gris collant boutonné de la cheville jusqu'à la ceinture.

Cette troupe, voulant soutenir sa vieille réputation du temps de Frédéric, reçoit intrépidement le choc de notre régiment, qui est repoussé; mais les cuirassiers, ces terribles *hommes de fer,* comme les appellent les Allemands, surviennent à leur tour et brisent leurs rangs pressés.

Déjà nous nous sommes reformés et revenons à la charge. En un clin d'œil les carrés sont enfoncés, disloqués, et nos cavaliers, s'élançant au milieu des ennemis, les sabrent à outrance.

Le maréchal des logis Humbert se jette sur l'infanterie prussienne, culbute les rangs et attaque, au milieu de son peloton, un porte-étendard des houzards de la mort, le traverse d'un furieux coup de pointe, lui enlève son drapeau et tombe tué raide par trois balles; le dragon Fauveau voit que l'ennemi va reprendre cet étendard, saute à terre, le saisit, remonte à cheval, se bat merveilleusement, se dégage et rapporte le drapeau à notre colonel, le baron Privé, en disant modestement : « C'est le maréchal des logis Humbert qui l'a pris. » L'empereur décore le soir même, sur le champ de bataille, ce brave et modeste soldat. L'adjudant-major Garreau, le capitaine Kosmann, le lieutenant Redon, le maréchal des logis Mimin, le dragon Guillin, sont tous blessés en tête de la charge et cités à l'ordre de l'armée.

Dragon du 2e régiment (tenue de campagne, 1806).

Il ne reste plus sur le champ de bataille que deux brigades d'infanterie saxonne, qui opèrent leur retraite disposées en deux carrés hérissés de bouches à feu. L'artillerie légère d'Augereau les suit, en leur envoyant des boulets; une nuée de voltigeurs court après les Saxons, les harcelant à coups de fusil. Murat les fait charger à outrance par ses dragons et ses cuirassiers. Les deux carrés sont rompus, malgré le secours de la cavalerie saxonne. Notre 2e dragons se distingue entre tous. Le lieutenant Longuety, sur l'ordre de Murat, charge avec son peloton sur un escadron de dragons rouges saxons et trois pièces de canon; bien que blessé de neuf coups de sabre, ce brave officier les met en fuite et s'empare de l'artillerie.

Murat rallie alors nos escadrons et court vers Weimar pour recueillir de nouveaux trophées. Le désastre de cette malheureuse armée prussienne est général : fantassins, cavaliers, artilleurs fuient en un pêle-mêle affreux et arrivent au sommet d'une descente longue et rapide que forme la grande route.

Tout à coup apparaissent les casques brillants des dragons français. Quelques coups de fusil partent instinctivement de cette foule éperdue. A cette vue et à ce signal, la masse, saisie de terreur, se précipite sur la descente, qui aboutit à Weimar; tous se jettent les uns sur les autres dans ce gouffre.

Le colonel Privé se dresse sur ses étriers en brandissant son sabre : « En avant le 2e dragons! » s'écrie-t-il d'une voix éclatante. Déjà les capitaines Fagès, Bras, Berthet; les lieutenants Redon, Caumont et Dupuis; les sous-lieutenants Gaudelet, Mielet, Jacquelin, entraînant leurs hommes, sont au milieu des ennemis, poussant à coups de pointe cette cohue épouvantée et la poursuivant jusque dans les rues de Weimar, où ils sabrent sans pitié tous ceux qui ne sont pas assez prompts à jeter leurs armes.

En même temps Murat fait un détour avec les autres régiments de dragons, dépasse Weimar et coupe la retraite aux fuyards, qui se rendent par milliers. Le sous-lieutenant Dupont, de notre régiment, charge le grand parc de l'armée prussienne, puis, faisant mettre pied à terre à la moitié de son peloton entre la première et la deuxième ligne ennemie, coupe les traits des chevaux et contribue puissamment à la prise de ce parc.

La scène en ce moment est horrible. Les obus de notre artillerie sillonnent la ville de Weimar, où retentissent les cris des fuyards que poursuit notre cavalerie. Dans les rues, des monceaux de cadavres ennemis, parmi lesquels de nombreux officiers, qui ont noblement sacrifié leur vie en essayant de ramener leurs hommes au combat. Nos cavaliers ramènent plusieurs milliers de fugitifs, ainsi que des batteries entières d'artillerie et plusieurs drapeaux, parmi lesquels ceux donnés par le grand Frédéric à l'armée et celui des gardes de la reine, brodé par cette princesse et portant la devise de Louis XIV : *Nec pluribus impar*. Ces prisonniers font pitié à voir, car le sang ruisselle sur la moitié de ces malheureux. Nos chevaux exténués tendent la langue. L'empereur passe en revue tous ces prisonniers, tandis que ses braves grenadiers leur donnent tout leur vin, surtout aux blessés, ainsi qu'à nos vaillants cuirassiers et dragons.

Des quatre-vingt mille Prussiens qui ont paru sur le champ de bataille d'Iéna, il n'est pas un seul corps qui soit entier, pas un seul qui se retire en ordre. L'armée du roi de Prusse, frappée d'une sorte de vertige, jetant ses armes, ne connaissant plus ni drapeaux ni officiers, court sur toutes les routes de la Thuringe.

Cinquante mille Français à peine ont suffi pour culbuter toute cette armée. Environ douze mille Prussiens et Saxons morts ou blessés, environ quatre mille Français, morts ou blessés aussi, couvrent la campagne d'Iéna à Weimar. Quinze mille prisonniers, deux cents pièces de canon, soixante drapeaux, sont aux mains de nos soldats, ivres de joie. Les obus des Prussiens ont mis le feu à la ville d'Iéna, et des plateaux où nous avons combattu on voit des colonnes de flammes s'élever du sein de l'obscurité.

Nous passons la nuit dans les maisons désertes de Weimar, où nous installons nos blessés que nous ramassons sur le champ de bataille.

Le 25 octobre nous arrivons à Postdam et le 27 à Charlottenbourg, beau palais du roi de Prusse qui fait face à Berlin, où l'empereur fit son entrée le 28 à la tête de sa garde. Sept jours avaient suffi à Napoléon pour déjouer les combinaisons des généraux du grand Frédéric; une seule journée avait triomphé de l'armée prussienne. Il ne fallut à l'empereur que *sept semaines* pour conquérir toutes les villes fortes de la Prusse, du Brandebourg et de la Silésie, pour faire prisonniers les corps de réserve et les divisions détachées que la victoire d'Iéna avait laissés intacts, enfin pour chasser de tous les États de Prusse et de Pologne le roi Frédéric-Guillaume lui-même, qui n'avait pas craint de lui prescrire en termes offensants d'avoir à évacuer l'Allemagne.

EYLAU

(8 FÉVRIER 1807)

PAR UN CHASSEUR À CHEVAL DE LA GARDE IMPÉRIALE

Le roi de Prusse, vaincu et chassé de son royaume, avait été contraint de se réfugier en Russie; le tzar Alexandre Ier nous déclara la guerre le 20 novembre 1806. Napoléon, qui était à Berlin, se porte aussitôt au-devant de ces nouveaux ennemis. Nos corps marchent sans relâche vers la Vistule, occupent Posen et se dirigent droit sur Varsovie. Les Russes se retirent partout devant nous, sans nous opposer la moindre résistance, emportant tous les vivres, ravageant le pays entier, détruisant ce qu'ils ne peuvent emporter, faisant sauter tous les ponts, emmenant tous les bateaux.

Le 16 décembre, Napoléon, escorté de sa garde, entre à Varsovie, que Murat occupe depuis le 28 novembre. Tout ce bon peuple polonais vient au-devant de nous en pousant de joyeux hourras, et s'efforce de nous bien recevoir. Le jour de notre entrée dans la capitale de la Pologne, Napoléon nous adresse une magnifique allocution terminée par ces admirables paroles : « Les Russes se vantaient de venir à nous; nous leur avons épargné la moitié du chemin. Eux et nous, ne sommes-nous plus les soldats d'Austerlitz! »

Le 23 décembre, nous marchons à l'ennemi et entrons par

un temps des plus rigoureux dans un pays désert, couvert de bois, avec des routes de sable. On ne trouve personne dans ces malheureux villages; les Russes nous font place, et nous traversons leurs bivouacs abandonnés.

L'ennemi est culbuté dans plusieurs combats partiels et éprouve des pertes notables. Nous nous engageons à sa poursuite à travers les sables et les bois, quand arrive tout à coup un temps affreux, neige, pluie, dégel, qui sauve les Russes d'une destruction complète. Voilà le sable qui plie sous nos pieds et l'eau qui surnage sur ce bourbier mouvant. Notre artillerie y reste enfoncée sans pouvoir avancer. Nos camarades les grenadiers et les chasseurs à pied y entrent jusqu'aux genoux; des soldats périssent dans ces bourbiers, ne pouvant pas s'en tirer.

Enfin nous arrivons à Pultusk, un mauvais village couvert en paille. C'est là le but de notre misère; la marche de nos troupes en avant est devenue impossible. Nous campons sur le front de ce village. Pour établir notre bivouac, nous allons chercher de la paille pour mettre sous nos pieds. N'en trouvant pas, nous prenons des gerbes de blé pour pouvoir nous maintenir sur terre, et les granges sont pillées. Toute notre artillerie est embourbée; les pièces labourent la terre; la voiture de l'empereur, avec lui dedans, ne peut s'en tirer, malgré tous les efforts d'un escadron de notre régiment qui est d'escorte, et dont les hommes, qui ont mis pied à terre, poussent aux roues de cette berline. Son mameluk Roustan est obligé de lui amener un cheval près de la portière pour le sortir de ce mauvais pas et le conduire à Pultusk, que les Russes viennent d'évacuer après l'avoir vaillamment défendu. Il y entre pendant qu'on achève de nettoyer la cabane dans laquelle il doit passer la nuit; un cadavre y est resté caché sous la paille; on l'en retire presque sous ses yeux.

C'est là qu'il voit la désolation dans les rangs de ses vieux soldats, qui se font sauter la cervelle. C'est là qu'il nous traite de *grognards*, nom qui est resté et qui nous fait honneur aujourd'hui. Nous n'avons plus rien à manger; nous partons à la maraude avec les grenadiers à pied et à cheval de la garde, pour tâcher d'avoir des vivres pour le lendemain. Nous arrivons le soir avec des pommes de terre et nous allons à la distribution. Faite par ordinaire, elle donne vingt pommes pour dix-huit hommes. C'est pitié! pour chacun une pomme de terre.

Chasseur à cheval de la garde en vedette.

Le lendemain nous rétrogradons par des chemins de traverse, toujours d'un bois à l'autre. Nous arrivons à trois lieues de Varsovie dans un état de misère la plus complète, les yeux caves et les joues enfoncées, la barbe inculte et hérissée. Nous ressemblons à des cadavres sortant du tombeau. Les habitants de Varsovie nous reçoivent à bras ouverts, le 1er janvier 1807; le peuple ne sait que nous faire, et l'empereur nous laisse reposer dans cette belle ville. Cette petite campagne de quatorze jours nous a vieillis de dix ans.

Les deux armées restent donc près d'un mois dans une complète inaction. Dans les derniers jours de janvier nous recevons l'ordre de nous tenir prêts à partir. Les Russes ont fait un mouvement sur Varsovie. Le général Dorsenne reçoit l'ordre de faire lever les cantonnements de la garde et de partir le 30 janvier. L'empereur quitte Varsovie le même jour pour se porter en avant. On nous dit que nous marchons sur Eylau et que les Russes, débordés par nos troupes et sur le point d'être jetés dans la Vistule, battent en retraite au plus vite sur Kœnigsberg.

Murat se jette à leur poursuite avec sa cavalerie et les serre de près. Le 6 février dans la journée, nous entendons la fusillade retentir avec force dans la direction de Hoff. Nous pressons le pas et arrivons à ce village; le temps est gris et chargé de brouillards. Au delà de ce village, un triste spectacle frappe nos yeux. Le terrain, qui est enfoui sous la neige, est couvert de centaines de cadavres de soldats russes, avec leurs larges capotes marron, qui se détachent au milieu de flaques de sang sur ce blanc linceul. Au milieu d'eux, nous remarquons aussi des cadavres de nos cuirassiers du 10e régiment, étendus en travers de leurs chevaux, leurs grosses bottes écartées. Le général d'Hautpoul, la cuirasse d'acier bouclée sur son habit bleu brodé d'or, nous reçoit à la tête de sa cavalerie et raconte que le même jour, en débouchant du Hoff, il a été accueilli par une vive fusillade de la part de l'arrière-garde de l'armée russe. Nos *gilets de fer* ont aussitôt chargé en colonne de pelotons et détruit toute cette infanterie.

Le 7 février, l'armée russe arrête sa marche rétrograde et prend position en avant d'Eylau, bien décidée cette fois à engager une action générale. Son arrière-garde, qui s'est établie en avant de ce bourg, en est dépostée après un combat sanglant, digne prélude de la bataille du lendemain.

Cette position nous coûte cher. Les Russes essayent encore de résister dans Eylau même ; mais Ney et Murat les enfoncent à la baïonnette et les poursuivent dans les rues de cette petite ville. Barclay de Tolly y rentre deux fois à la faveur des ténèbres, mais ne peut s'y maintenir. Enfin, vers dix heures du soir, la division Legrand occupe Eylau ; Murat s'établit en face de l'ennemi, et annonce à l'empereur que les Russes battent en retraite.

Chasseur à cheval de la garde impériale.

La prise d'Eylau rend cette supposition plausible. Napoléon y ajoute foi et fait camper sa garde sur une hauteur en face de cette localité. Il nous fait faire son feu ; nous portons du bois, des bottes de paille, et il nous demande une pomme de terre par ordinaire ; nous lui en portons une vingtaine. Il s'assied au milieu de ses vieux grognards sur une botte de paille, un bâton à la main. Nous le voyons retourner ses pommes de terre et en faire le partage avec ses aides de camp. Bientôt il s'endort, excédé de fatigue. Depuis son départ de Varsovie, il a marché ou travaillé vingt heures par jour. Nous aussi nous marchons depuis huit jours au milieu des glaces ; il y a plus de deux pieds de neige dans la campagne, et le thermomètre est descendu entre six et sept degrés au-dessous de zéro. Succombant à la fatigue, nous nous étendons comme des masses autour de nos feux de bivouac et fermons promptement les yeux.

Le réveil est terrible : le 8 février, dès l'aube, les Russes nous souhaitent le bonjour par de terribles bordées de canon. L'empereur est déjà debout et à cheval. En un clin d'œil nous sommes sur pied, nos chevaux sellés, bridés, et nous autres en selle. Napoléon porte aussitôt sa garde en avant et l'établit dans le cimetière d'Eylau ; en même temps il place toute notre cavalerie sur un lac gelé, à hauteur du cimetière.

Le général russe Benningsen, décidé enfin à livrer une bataille décisive, a compris qu'il doit tout tenter pour reprendre Eylau. Aux soixante-douze mille hommes dont il dispose nous ne pouvons en opposer que cinquante-quatre mille, et à sa formidable artillerie, évaluée à cinq cents bouches à feu, que deux cents pièces de canon, celles de notre garde comprises.

Le pays où va s'engager cette sanglante journée se montre uni et découvert. La petite ville d'Eylau, située sur une légère éminence et surmontée d'une flèche gothique, est le seul point saillant du terrain. A droite de l'église, le sol, s'abaissant quelque peu, présente un cimetière avec ses noirs cyprès et ses croix de bois à moitié ensevelies sous la neige. En face, le terrain se relève sensiblement, et sur ce relèvement marqué de quelques mamelons nous apercevons les Russes en masses profondes. Plusieurs lacs, remplis d'eau au printemps, desséchés en été, gelés en hiver, en ce moment effacés par la neige, ne se distinguent en aucune manière du reste de la plaine. A peine quelques granges réunies en hameaux et des lignes de barrière servant à parquer le bétail forment-elles un point d'appui ou un obstacle sur ce morne champ de bataille.

Un ciel gris ajoute sa tristesse à celle des lieux, tristesse qui saisit nos yeux et nos cœurs. Une neige épaisse couvre le sol; des rafales de vent et des tourbillons viennent nous fouetter en plein visage. Les divisions de Soult occupent Eylau. En seconde ligne les troupes d'Augereau, la vieille garde, les dragons et les cuirassiers.

Un maréchal passe devant nous, accompagné de son état-major et de ses chasseurs d'escorte; ses yeux sont rougis et enflés, il peut à peine se tenir en selle : c'est Augereau, qui, tourmenté par la fièvre, a oublié ses souffrances au bruit du canon, et est monté à cheval pour se mettre à la tête de ses soldats. L'empereur est établi dès le point du jour dans le cimetière d'Eylau avec sa garde. Là, protégé à peine par quelques arbres, il aperçoit parfaitement la masse compacte des Russes, qui ont renforcé leur artillerie de campagne par vingt-deux pièces de siège amenées de Kœnigsberg et lancent une véritable pluie de feu et de mitraille.

Napoléon accepte ce combat d'artillerie et s'efforce de démolir avec ses boulets la véritable muraille vivante que lui oppose Benningsen. Il fait aussitôt sortir des corps et mettre en bataille toutes les bouches à feu de l'armée. Il y joint les quarante pièces de la garde.

Les canonniers de cette formidable artillerie sont à leurs pièces et commencent à charger. Nous les voyons tous en ligne mettre la gargousse, refouler tous ensemble, se redresser, secouer la mèche sur leurs bras; on dirait un seul mouvement. Les chefs de pièce derrière, presque tous de vieux officiers, commandent comme à la parade, et quand ces deux cents pièces partent ensemble, on n'entend plus rien; toute la plaine est couverte de fumée. Au bout d'une seconde, la voix de ces officiers, à travers le sifflement de nos oreilles, s'entend de nouveau : « Chargez! Refoulez! Pointez! Feu! » Et cela continue sans interruption pendant de longues heures.

Alors retentit une épouvantable canonnade, exécutée à demi-portée de canon. La terre tremble sous ces violentes détonations. Nos habiles artilleurs exercent de terribles ravages dans les profondes colonnes des Russes, où leurs boulets emportent des files entières. Malgré la distance où nous sommes, nous apercevons les fusils et les bonnets sauter en l'air et les cadavres s'amonceler en gros tas noirs sur le fond éclatant de la neige.

L'artillerie ennemie, de son côté, redouble de fureur. Ses projectiles tombent surtout dans les rangs de l'infanterie de la garde, immobile dans le cimetière en avant de nous. Nous n'entendons plus que le ronflement des boulets ennemis dans l'air et leur bruit sec dans la neige, où ils font voler des tourbillons de poussière blanchâtre. A chaque instant, dans les rangs des grenadiers, nous voyons des hommes jetés à vingt pas en arrière, tout désossés comme des sacs, ou s'affaisser avec un bras ou une jambe de moins.

Bientôt les projectiles ennemis mettent le feu à la ville d'Eylau et au village de Rothenen. Les lueurs de l'incendie viennent joindre leur horreur à l'horreur du carnage.

Napoléon est toujours dans le cimetière; les projectiles passent par-dessus sa tête et quelquefois bien près de lui, perçant les murs de l'église ou brisant les branches des arbres au pied desquels il s'est placé pour diriger la bataille. Au moment où un de ses aides de camp, le général Corbi-

Bataille d'Eylau : charge de la cavalerie.

neau, s'éloigne de l'empereur pour porter un ordre, un boulet russe perce le flanc de ce brave officier, l'aîné d'une famille héroïque, l'enlève de sa selle et l'aplatit sur la neige sanglante.

Cette canonnade dure depuis longtemps, et les deux armées la supportent avec une tranquillité héroïque, ne faisant aucun mouvement et se bornant à serrer les rangs à mesure que le canon y produit des vides. Grenadiers à cheval, chasseurs, dragons, cuirassiers, nous assistons, le sabre à l'épaule, à ce spectacle terrible. Nos chevaux hennissent d'une voix perçante, piaffent, s'ébrouent et veulent partir en avant : nous avons toutes les peines du monde à les retenir. L'impatience nous gagne ; nous crions tous : « En avant ! Vive l'empereur ! » mais Napoléon, impassible, nous maintient sur place, attendant l'arrivée de Davout pour prendre l'offensive.

Les Russes paraissent, eux aussi, vouloir en venir à la lutte corps à corps. Bientôt leurs masses profondes se mettent en mouvement : la fumée de leur artillerie s'élève, et nous voyons leurs épais bataillons se précipiter sur Eylau en poussant des hourras éclatants. La division Leval les reçoit par une fusillade à bout portant ; tous nos coups portent : l'ennemi se retire en laissant la terre jonchée de monceaux de cadavres.

Il est dix heures du matin. Napoléon attend, impassible sous la pluie de fer qui passe au-dessus de sa tête, que Davout, qu'il a appelé à lui, tombe dans le flanc gauche des Russes. Quand il entend son canon du côté de Sarpellen, il lance le corps d'Augereau sur le centre ennemi. En même temps la voix éclatante des colonels des divisions Desjardins et Heudelet s'écrie : « Serrez les rangs en bataille ! » Toutes les lignes se rapprochent, et les deux divisions s'avancent au pas accéléré.

Soudain la neige se met à tomber à gros flocons et, emportée par une rafale de vent, vient frapper nos soldats en plein visage et leur dérober la vue du champ de bataille; l'air est obscurci, on ne voit pas à dix pas. Les troupes d'Augereau, aveuglées par les tourbillons, viennent donner en plein sur les Russes. Ceux-ci, peu incommodés par la neige, qu'ils reçoivent dans le dos, et voyant s'avancer ces malheureuses divisions, démasquent à l'improviste une batterie de soixante-douze bouches à feu qu'ils tenaient en réserve. La mitraille vomie par cette redoutable batterie est si épaisse, qu'en un quart d'heure la moitié du corps d'Augereau est abattue. Les généraux Desjardins et Heudelet tombent au milieu de leurs états-majors foudroyés, le premier tué, le second presque mortellement atteint.

A cet instant un cri s'élève : « Attention! la cavalerie! » Presque aussitôt une masse de dragons verts, sur des chevaux gris, arrivent comme le vent sur les rangs éclaircis de nos malheureux soldats; à peine les débris des régiments ont-ils le temps de se former en carrés. La cavalerie russe est sur eux et les assaille de toutes parts; il faut les braves d'Austerlitz pour résister à un pareil choc. Les fusils, trempés par la neige, ne font pas feu : n'importe! On repousse les dragons à grands coups de baïonnette et l'on rétrograde lentement vers le cimetière d'Eylau, cédant le terrain, sans se rompre, sous les assauts répétés des nombreux escadrons ennemis.

Tout à coup la neige cesse de tomber et permet d'apercevoir un douloureux spectacle : sur les six à sept mille combattants des deux divisions lancées en avant, quatre mille environ, tués ou blessés, jonchent la terre. Augereau, grièvement blessé d'un coup de feu au visage, est porté dans le cimetière d'Eylau aux pieds de l'empereur, qui le console et le force à quitter le champ de bataille. Les Russes ont suivi de près les troupes d'Augereau dans leur retraite, et, par

« En avant ! Vive l'empereur ! »

une superstition des peuples du Nord, qui leur fait voir dans la tempête un augure favorable, s'élancent avec des cris sauvages et touchent presque au cimetière, clef de la position française, et où Napoléon n'a que les six bataillons de sa garde.

Au premier ordre Murat accourt : « Eh bien ! lui dit Napoléon, nous laisseras-tu dévorer par ces gens-là ? » Et il lui prescrit de réunir toute sa cavalerie et de jeter sur les Russes nos quatre-vingts escadrons, afin d'essayer tout ce que peut l'élan d'une pareille masse d'hommes à cheval, chargeant avec fureur une infanterie réputée inébranlable. Cet héroïque entraîneur de cavalerie part au galop, réunit nos escadrons et nous déploie sur trois lignes : dragons, cuirassiers et cavaliers de la garde.

Les dragons du général Grouchy chargent les premiers pour déblayer le terrain et en écarter la cavalerie ennemie. Nous voyons les casques jaunes et les habits verts s'enfoncer au milieu des rangs serrés des chevau-légers et des Cosaques, qui tourbillonnent de tous côtés. Le brave Grouchy, en entraînant ses hommes, roule à terre avec son cheval; les dragons hésitent un instant, croyant leur chef mortellement atteint : il n'a été que blessé. Avec l'aide du jeune de Lafayette, son officier d'ordonnance, Grouchy se dégage du cadavre de son cheval, enfourche la monture d'un dragon tué, et, se mettant à la tête de ses cavaliers, réussit à disperser l'essaim des Cosaques qui précèdent l'infanterie russe.

Mais le choc de nos dragons reste impuissant sur la muraille de fer que présentent les soldats moscovites. Des quatre mille hommes qui composent la division de Grouchy, à peine en reste-t-il douze cents le soir de la bataille.

Les vingt-quatre escadrons de cuirassiers que commande le général d'Hautpoul s'ébranlent à leur tour, rangés sur plusieurs lignes, et tombent sur les baïonnettes russes comme le tonnerre : le temps de regarder, et ils sont dessus.

Les premiers escadrons, arrêtés par le feu, ne pénètrent pas, et, se repliant à droite et à gauche, viennent se reformer derrière ceux qui les suivent pour charger de nouveau. La ligne russe reste immobile et se couvre de feux.

Enfin elle paraît trouée sur un point; un escadron lancé avec plus de violence vient enfin de l'enfoncer, en écrasant sous les cadavres de ses chevaux ces fantassins inébranlables.

Par cette large brèche s'engouffre le flot entier de nos cuirassiers et dragons, et cette ligne est sabrée en un instant.

On entend chaque coup de baïonnette des Russes glisser sur les cuirasses de nos *hommes de fer*, les chevaux souffler; on voit les grandes lattes s'allonger, nos cavaliers se courber pour piquer en dessous, les chevaux furieux se dresser et mordre en hennissant d'une voix terrible; et puis les hommes à terre, sous les pieds des chevaux, essayer de se lever en se garant de la main.

La seconde ligne russe, en voyant ce désastre, s'est repliée sur un bois, et, soutenue par une réserve d'artillerie, tire confusément sur ses soldats et sur les nôtres, s'inquiétant peu de mitrailler amis et ennemis, pourvu qu'elle se débarrasse de nos redoutables cavaliers. Le général d'Hautpoul, que Napoléon veut nommer maréchal de France, est frappé à mort par un biscaïen.

A cette vue, les grenadiers à cheval, conduits par le général Lepic, un des héros de l'armée, s'élancent à leur tour pour seconder les efforts de Murat. Ils partent au galop, enfoncent l'infanterie, en font un épouvantable carnage et massacrent les canonniers russes sur leurs pièces. La neige, à ce moment, se remet à tomber de nouveau en abondance et ne permet plus de reconnaître la direction qu'il faut suivre; après avoir exécuté quelques mouvements, Lepic se trouve enveloppé et sommé de se rendre. Pour toute réponse, il montre au parlementaire ennemi les têtes énergiques de ses grenadiers : « Regarde-moi ces gueules-là, dit-il à l'officier russe, et dis-moi si elles ont envie de se rendre. » Néanmoins, connaissant tout le danger de sa position, il s'adresse en ces termes à ses hommes : « Mes amis, il faut vaincre ou mourir aujourd'hui. Nous avons deux lignes d'infanterie à renverser. Beaucoup d'entre nous y resteront sans doute; mais, dût-il n'en rester qu'un seul pour porter la nouvelle, l'honneur du corps et celui de notre étendard seront sauvés. »

A ces mots, les intrépides grenadiers s'écrient : « La charge! la charge! et nous passons. » Lepic alors forme son régiment en colonne serrée par pelotons, ordonne la charge et culbute les lignes russes, sans autre perte que celle d'un officier et cinq hommes; lui-même reçoit dans la mêlée deux coups de baïonnette et un coup de crosse sur les genoux, qui l'empêcha pendant quelque temps de monter à cheval sans aide.

La ligne que nos grenadiers viennent de traverser se trouve en ce moment aux prises avec notre infanterie; celle-ci, voyant arriver sur elle une cavalerie qui débouche du centre des colonnes russes, la croit ennemie, l'accueille à coups de fusil et tue deux grenadiers et quelques chevaux. Cependant Lepic parvient à se faire connaître, et le feu cesse.

L'infanterie russe, sur ces entrefaites, est encore parvenue, pour la deuxième fois, à se reformer contre un petit bois. Il faut la rompre complètement et la disperser. Ce soin est réservé à nos chasseurs et à nos mameluks, qui n'ont pas encore donné, et qui ont assisté en frémissant aux exploits de leurs frères d'armes.

« A vous, les chasseurs! nous crie Murat, en avant! » Notre régiment, conduit par le brave Dalhmann, se déploie dans un ordre admirable. Les hauts plumets verts et rouges de nos colbacks sont couchés par le vent. Nous avons endossé la pelisse écarlate à galons jaunes sur le dolman vert à tresses jaunes.

Nous partons au galop, courbés sur nos chabraques de

drap vert, nos larges fourreaux de cuivre et nos sabretaches ornées de l'aigle impériale volant en l'air et rebondissant sur les flancs du cheval. A côté de nous galope l'escadron des mameluks du commandant Delaître. Ces braves Syriens, avec leur costume asiatique, turban bleu à calotte rouge, surmonté d'un croissant de cuivre, veste bleue chargée de passementerie noire, pantalon rouge extrêmement large et bottes jaunes, produisent un étrange contraste sur ce paysage sibérien. Au-dessus des turbans se dresse leur étendard de forme turque : une queue de cheval noire, surmontée d'une boule de cuivre doré.

Tout à coup les rangs de l'infanterie russe s'ouvrent, et nous trouvons devant nous dix-huit pièces de canon que les Russes ont remises en batterie et qui commencent à nous foudroyer. Le danger est imminent; le général Dalhmann se tourne vers nous : « A moi! à moi! s'écrie-t-il d'une voix de tonnerre, aux pièces! en avant! »

Nous partons à sa suite comme un ouragan et arrivons sur les pièces. Les canonniers se cachent sous les affûts et nous lancent des coups de sabre-briquet dans les jarrets des chevaux; l'infanterie russe entre dans la batterie pour nous repousser.

Une lutte acharnée s'engage. Krettly, notre trompette-major, tue le général de l'artillerie ennemie sur ses pièces. Emporté par son bouillant courage, le général Dalhmann s'enfonce au plus épais des bataillons ennemis, est entouré et tombe blessé au milieu des Russes. A peine le chasseur Brice aperçoit-il son général sous les baïonnettes moscovites, qu'il court à lui à toute bride, met pied à terre, et, sous le feu le plus vif, relève Dalhmann et le replace sur son cheval. Entouré presque aussitôt par des houzards russes,

Brice reçoit plusieurs coups de sabre, dont un lui désarticule le bras gauche; il est sur le point d'être écrasé par le nombre, lorsqu'un de ses camarades, le chasseur Dufour, de son escadron, voyant la position dans laquelle il se trouve, pénètre jusqu'à lui et l'aide à se faire jour à travers les houzards. L'intrépidité de ces deux braves sert à épargner à Dalhmann la honte d'être fait prisonnier; mais presque aussitôt notre vaillant chef reçoit le coup mortel en voulant tenter, malgré sa blessure, une dernière charge qui réussit à merveille. L'infanterie russe n'existe plus : ses quelques débris s'enfuient à toutes jambes vers les bois de sapins pour y trouver un refuge.

Durant cette scène de confusion, un tronçon détaché de cette vaste ligne d'infanterie s'est avancé jusqu'au cimetière même. Quatre mille grenadiers russes, marchant droit devant eux avec ce courage aveugle d'une troupe plus brave qu'intelligente, viennent se heurter contre ce cimetière d'Eylau, occupé par l'état-major impérial.

La garde à pied, immobile jusque-là, a essuyé la canonnade sans rendre un coup de fusil. C'est avec joie qu'elle voit naître une occasion de combattre. A la vue des Russes un murmure traverse ses rangs : « Quelle audace! quelle audace! »

Napoléon ordonne à l'escadron de chasseurs de service près de sa personne de charger le front de cette colonne afin d'arrêter son élan; en même temps il ordonne à un bataillon de ses grenadiers de marcher contre ce nouvel ennemi; tous se disputent l'honneur de combattre. Enfin un bataillon conduit par le général Dorsenne s'avance l'arme au bras à la rencontre de la colonne russe. Son apparition produit sur cette colonne un si terrible effet, qu'elle s'arrête court. Dorsenne ayant ordonné à ses grenadiers de faire feu, ceux-ci, par un mouvement spontané, répondent qu'ils ne veulent charger les Russes qu'à la baïonnette, et se jettent sur eux sans tirer un seul coup de fusil. Les malheureux grenadiers russes, serrés entre les baïonnettes de cette troupe invincible et les sabres de nos chasseurs, sont presque tous pris ou tués, sous les yeux de Napoléon et à quelques pas de lui.

Cette action de cavalerie, la plus extraordinaire peut-être de nos grandes guerres, a culbuté le centre des Russes et rabattu leur fureur; ils ne sont plus tentés de recommencer sur ce point. Il était temps. Les troupes de Soult et d'Augereau, les grenadiers de la garde eux-mêmes sont à bout. Sans notre cavalerie, notre vaillante infanterie aurait succombé.

Après ses charges multiples, cette cavalerie s'est arrêtée et vient se reformer devant l'empereur, prête à se dévouer de nouveau.

Cependant la bataille continue. La canonnade recommence sur notre droite. Nos officiers regardent et disent : « C'est Davout qui arrive ! » Il est une heure. Ce maréchal, en effet, débouche sur le champ de bataille, poussant devant lui les brigades russes qui lui sont opposées; mais Benningsen, profitant de l'avantage obtenu au centre sur Augereau, envoie toutes ses troupes disponibles pour soutenir sa gauche compromise.

En même temps le général Lestocq, qui a su se dérober à la poursuite à outrance de Ney, arrive à l'improviste sur le champ de bataille avec huit mille Prussiens, et, jaloux de se venger du dédain des Russes, attaque avec fureur la division Friant, la repousse, et, appuyé par les réserves de Benningsen, s'avance au pas de charge pour ressaisir les positions du matin.

Mais devant lui se dressent les soldats de Friant et de Gudin. Vainement les Russes et les Prussiens veulent-ils les renverser, ils n'y peuvent réussir. Les héros d'Awerstaedt opposent une opiniâtreté invincible à ce dernier effort des coalisés. Malgré le courage héroïque de nos soldats, les rangs s'éclaircissent rapidement; cependant on tient tête quand même et toujours.

Le maréchal Davout parcourt ses lignes jusqu'à la fin de la journée et contient les troupes en leur disant : « Les lâches iront mourir en Sibérie; les braves mourront ici en gens d'honneur! » Une de nos batteries est particulièrement éprouvée par le feu de l'artillerie ennemie, la plupart des pièces ont été endommagées et démontées, quand des obus font sauter deux des caissons. Les canonniers veulent alors emmener les deux pièces qui leur restent. Un jeune fourrier du 25e de ligne croise alors la baïonnette sur les soldats du train, et, secondé par son sous-lieutenant, il force les artilleurs à continuer le feu avec ce qui reste de munitions; on contient ainsi l'ennemi.

Le 17e de ligne est décimé; le drapeau du régiment, défendu par une poignée d'hommes, est sur le point de tomber au pouvoir des Russes. Le jeune Locqueneux, fourrier au régiment, met l'aigle dans la neige, sous ses pieds, la défend contre l'ennemi, appelle à son aide, et, avec le secours du chef de bataillon Mallet, il parvient à rapporter son drapeau au milieu des débris du 17e, qui n'a plus le soir de cette sanglante bataille qu'un homme sur cinq. Locqueneux est nommé officier sur le champ de bataille. Auprès de lui le fourrier Morin, du 30e de ligne, parvient également à conserver le drapeau de son régiment. En le défendant, il reçoit plusieurs blessures et reste comme mort sur le champ de bataille.

La nuit commence à tomber et à envelopper de ses ténèbres ce terrain de carnage, où la lutte continue toujours. Soudain la fusillade éclate sur le flanc de l'ennemi. Des lignes de feu se dessinent dans l'obscurité. En même temps des cavaliers arrivent au galop, coiffés du colback et vêtus du dolman vert foncé à tresses jonquille et de la hongroise écarlate. C'est la compagnie d'élite du 7e hussards, précédant l'avant-garde de

Le chasseur Brice secourt son chef, le général Dalhmann, mortellement atteint.

Ney, qui accourt enfin prendre part à la bataille. A cette vue, Benningsen, qui a perdu près de la moitié de son armée, se décide enfin à abandonner la partie et à battre en retraite. L'empereur ramène sa garde dans notre position de la veille; il est enchanté de notre conduite et dit au général Dorsenne, commandant des grenadiers à pied : « Dorsenne, tu n'as pas plaisanté avec mes grognards, je suis content de toi. » La faim et le froid nous font passer une mauvaise nuit. De grands feux sont allumés; on nous distribue un peu de pain et d'eau-de-vie. Personne ne se plaint; les munitions consommées sont rapidement remplacées, en cas d'une attaque pour le lendemain. De nombreux blessés sont ramassés et transportés aux ambulances; les autres reçoivent un premier pansement sur place, en attendant qu'on puisse les transporter à leur tour.

Le lendemain, le jour commençant à luire, on découvre cet affreux champ de bataille, qui occupe un espace d'une lieue carrée. Sur cette plaine glacée et couverte d'une couche épaisse de neige que percent çà et là les morts et les blessés, neuf à dix mille cadavres sont entassés ainsi que quatre à cinq mille chevaux tués; partout de larges taches de sang souillent la blancheur passagère du sol. Les endroits où ont eu lieu les charges de notre cavalerie se font remarquer par la quantité de chevaux morts et abandonnés. Des lignes de sacs russes, des débris de fusils et de sabres, une innombrable quantité de voitures brisées, la terre couverte de boulets, d'obus, de munitions, vingt-quatre pièces de canon auprès desquelles on voit les cadavres des conducteurs au moment où ils font des efforts pour les enlever, des hameaux en flammes, tout cela, se détachant sur un fond de neige, présente un spectacle saisissant et terrible. Des détachements de soldats français et de prisonniers russes parcourent en tous sens ce vaste champ de carnage et enlèvent les blessés pour les porter aux ambulances. On trouve un grand nombre de cadavres d'officiers russes avec leurs décorations, et parmi eux un prince Repnine.

Napoléon passa plusieurs heures sur le champ de bataille, s'arrêtant à chaque pas, faisant questionner les blessés, leur donnant des consolations, des secours. On pansait ces malheureux, les chasseurs de la garde les transportaient sur leurs chevaux; les officiers de sa maison s'empressèrent d'exécuter ses ordres, dictés par l'humanité.

L'ennemi s'était retiré, laissant sur le terrain sept mille morts et plus de cinq mille mourants. En outre il emmenait avec lui quinze mille blessés. Ils avait eu par conséquent vingt-sept mille hommes hors de combat. Nous tenions plus de trois mille prisonniers, vingt-quatre pièces de canon, seize drapeaux. Nos pertes ne s'élevaient qu'à environ dix mille hommes hors de combat, dont trois mille morts et sept mille blessés.

FRIEDLAND

(14 JUIN 1807)

PAR UN GRENADIER DU 50e DE LIGNE

La campagne d'été de 1807 fut courte et décisive. Notre armée sortit de ses retranchements le 1er juin, pour camper en divisions.

Le 5, le généralissime russe Benningsen, croyant encore surprendre et enlever le corps de Ney à notre extrême droite, l'attaque ; mais tout est prévu : une fière retraite de ce brave maréchal et la rapide concentration de toutes nos forces déjouent les plans de l'ennemi. Contraints à leur tour de reculer, les Russes se voient poussés, l'épée dans les reins, le long de l'Alle, battus à Heilsberg et prévenus à Friedland, sur la route de Kœnigsberg, grande cité qu'ils veulent couvrir. Benningsen s'arrête alors dans cette plaine et nous attend dans une belle position avec beaucoup de redoutes sur les hauteurs. L'Alle coupe en deux son armée ; il y jette quatre ponts et occupe en avant de cette rivière la petite ville de Friedland, qui le couvre.

Le 13 juin, notre régiment, le 50e de ligne, qui marche à l'avant-garde, arrive en vue des positions ennemies. Ma compagnie de grenadiers est détachée avec ordre de battre le pays boisé qui s'étend devant nous. Depuis quelques heures nous marchions à travers ces taillis, et nous venions d'entrer dans un petit hameau désert, quand tout à coup nous entendons retentir des coups de feu sur notre droite. Notre capitaine nous envoie aussitôt au nombre de vingt-cinq hommes dans cette direction. Nous nous avançons prudemment, dispersés en tirailleurs, à vingt-cinq pas l'un de l'autre, en ouvrant les yeux comme on peut s'imaginer. Nous avons renouvelé les amorces de nos fusils et nous nous glissons d'arbre en arbre, guidés par les détonations qui continuent toujours à se faire entendre. Notre sous-lieutenant, son sabre sous le bras, nous suit en répétant : « En avant! en avant! »

Bientôt nous arrivons au bord d'une clairière où se trouvent cinq ou six gros arbres abattus et où deux caissons de notre armée se sont égarés et ont été entourés par un fort parti d'irréguliers kalmoucks. Ces véritables sauvages, avec de gros nez, des figures plates et de larges oreilles, sont armés d'arcs et de flèches. Conduits par des officiers et des sous-officiers russes, ils tourbillonnent autour des conducteurs du train, qui ont mis pied à terre et se défendent à coups de mousqueton.

Malgré une défense désespérée, presque tous nos pauvres *tringlots* ont été percés de flèches; deux seulement ont échappé au massacre, et, s'étant glissés sous un caisson, font encore feu à travers les rayons des roues. A ce moment nous débouchons du bois : « A la baïonnette! » crie notre sous-lieutenant. Nous courons sur les Kalmoucks, qui reculent à distance; mais ceux-ci, s'apercevant de notre petit nombre, reviennent à la charge. Notre sous-lieutenant, n'étant pas en force pour se défendre, met aussitôt le feu à de nombreuses bottes de foin attachées sur les caissons, nous fait éloigner ainsi que les deux soldats du train, et engage la fusillade.

A la vue des caissons embrasés, les Kalmoucks prennent la fuite. Notre officier fait alors enlever les bottes de foin,

Défense d'un village contre les Cosaques par une compagnie du 50e de ligne (13 juin 1807).

ouvre les caissons et nous distribue les cartouches qu'ils contiennent; ces voitures ne peuvent être emmenées, leurs attelages ayant été abattus par les flèches des irréguliers. Tout à coup des cris sauvages retentissent sous les bois : ce sont nos Kalmoucks, qui, renforcés par un détachement de Cosaques réguliers en vestes écarlates et pantalons bleus, reviennent à la charge. « En retraite! » commande notre sous-lieutenant.

Nous nous replions vivement sur le hameau où nous attend le reste de la compagnie, nous retournant à chaque pas pour lâcher notre coup de fusil. Les cavaliers russes, embarrassés par les broussailles et les arbres, avancent difficilement.

Enfin nous arrivons au hameau et en barricadons l'entrée avec des charrettes à fourrage. L'ennemi arrive sur la barricade, mais à ce moment nous entendons retentir au dehors ce commandement en français : « En avant... Chargez !... » C'est un escadron de nos houzards qui accourt au bruit de la fusillade et chasse devant lui les irréguliers russes comme un troupeau de moutons.

Le soir nous rentrons au camp. Il commence à faire clair de lune. La soupe est rapidement faite et avalée encore plus vite. Ordre nous est bientôt donné d'éteindre les feux et de ne pas sonner la retraite, ce qui signifie que l'ennemi n'est pas loin et qu'on craint de lui indiquer l'emplacement de notre bivouac. Le temps est si chaud, qu'on entend les cigales chanter longtemps encore après le coucher du soleil. Nous nous étendons l'oreille sur le sac, au bord des sillons, et finissons par nous endormir.

A trois heures du matin une violente fusillade nous réveille en sursaut : la cavalerie ennemie attaque nos avant-postes, qui la reçoivent vigoureusement. Il fait encore nuit, mais le jour étend une ligne blanche au bord du ciel, le long des taillis. Nous bouclons nos sacs, chargeons nos fusils et renouvelons les amorces.

La lumière matinale grisonne au loin le pays. Une rumeur confuse s'élève de tous côtés. Les troupes de Lannes prennent les armes; les tambours roulent; nous sommes rapidement sous les armes et prêts à partir. Les officiers supérieurs attendent à cheval sur le front des bataillons.

Bientôt Lannes arrive au galop suivi de ses officiers d'ordonnance, en dolman blanc à tresses d'or et pantalon rouge, le grand shako galonné à aigrette. Il tire son épée, et, nous montrant Friedland, dont le clocher commence à percer à travers le brouillard du matin : « En avant!... en avant!... A l'ennemi!... » nous crie-t-il.

Grenadier du 80e de ligne.

Nous partons au pas de charge. Tout à coup le canon se met à gronder devant nous; c'est notre artillerie qui vient de se mettre en batterie et tire sur les Russes, qui débouchent en masses profondes de Friedland, précédés par une nuée de Cosaques. C'est alors que les hommes élèvent leurs shakos et leurs bonnets à poil à la pointe de leurs baïonnettes, et qu'ils se mettent à crier : « En avant! Vive l'empereur! »

La lutte va devenir terrible : la situation de Lannes et d'Oudinot est périlleuse, car ils vont avoir toute l'armée russe sur les bras, et ils ne disposent que de vingt-six mille hommes pour lutter contre soixante-quinze mille. Le canon gronde toujours, on redouble le pas. Nos dragons fondent au même instant sur les fantassins russes, les culbutent et leur enlèvent une batterie.

Mortier accourt à notre aide avec la division Dupas; mais, au moment où il paraît sur le champ de bataille, un boulet emporte son cheval; il se relève tout contusionné et continue à marcher en avant.

Les Russes réunissent tous leurs efforts pour nous chasser

du bois de Sortlack, où nous avons pris position avec les grenadiers d'Oudinot. Ce brave général, profitant de tous les accidents de terrain, tantôt des bouquets de bois semés çà et là, tantôt de queques flaques d'eau que les pluies des jours précédents ont produites, tantôt de la hauteur même des blés, dispute le terrain avec autant d'habileté que d'énergie. Tour à tour il cache ou montre ses soldats, les disperse en tirailleurs ou les oppose en masse hérissée de baïonnettes à tous les efforts des Russes.

Un bataillon de notre régiment, qui s'est trop avancé du bois, est assailli à l'improviste et enfoncé par un régiment de cuirassiers russes. L'adjudant sous-officier Labouvril, à cette vue, court à la compagnie de grenadiers, se place au milieu d'eux, le drapeau à la main, et les ramène au combat en disant : « Défendons le drapeau au péril de notre vie! » Plusieurs fois les Russes essayent de pénétrer dans le bois de Sortlack. A chaque attaque de l'ennemi, Lannes en fait sortir subitement une brigade de notre division et repousse l'ennemi au loin. Effrayés de ces apparitions imprévues, craignant que, dans ce bois mystérieux, Napoléon ne soit caché avec son armée, les Russes n'osent plus s'en approcher.

Un grand tumulte, un immense cliquetis d'acier se fait entendre en ce moment sur notre droite : ce sont les cinq mille cavaliers du général Grouchy, dragons, cuirassiers, carabiniers, qui sont aux prises avec la cavalerie russe, forte de plus de douze mille chevaux. Nous assistons alors à une véritable mêlée de cavalerie; on ne distingue, pour ainsi dire, que des cuirasses blanches, des casques d'or et des bonnets à poil qui traversent les lignes des uhlans, des dragons et des cuirassiers russes.. Tout se mêle, puis nos cavaliers se reforment et repartent.

Bientôt un nuage épais de poussière et de fumée couvre ce coin de la bataille; de temps en temps une rapide éclaircie nous montre quelques cavaliers, un dragon penché sur son cheval, un cuirassier avec son gros dos blanc, son casque et sa queue de cheval flottante. Et les blés foulés, les blessés sous les pieds des chevaux! Enfin, après plusieurs charges, l'ennemi se retire; la fumée commence à monter, la poussière à tomber; nous apercevons la plaine couverte d'hommes et de chevaux morts, de cavaliers démontés, de casques et de cuirasses étincelantes.

Il est midi. Jusqu'à ce moment nous avons pu contenir les forces écrasantes des Russes, mais il est temps que des renforts nous arrivent. Lannes a envoyé tous ses aides de camp à l'empereur, l'un après l'autre, en leur ordonnant de crever leurs chevaux pour le rejoindre et l'informer de ce qui se passe. Ils l'ont trouvé accourant au galop sur Friedland. Le visage de Napoléon est rayonnant d'espérance et de génie, car il trouve les Russes dans une situation que ses manœuvres ont amenée, et où il peut leur infliger un épouvantable désastre. La victoire d'Eylau a été douteuse; Napoléon ne se sent pas de joie de prendre une éclatante revanche.

« C'est aujourd'hui le 14 juin, répète-t-il à ceux qu'il rencontre, c'est l'anniversaire de Marengo; c'est un jour heureux pour nous. » Devançant ses troupes de toute la vitesse de son cheval, il traverse successivement les longues files de la garde, du corps de Ney et du corps de Bernadotte, tous en marche sur Friedland et filant au pas de course.

Il était temps, en effet, qu'on vînt à notre secours. Tout à coup notre capitaine, regardant en arrière sur la route, nous dit : « Voici l'empereur qui arrive avec la garde. » Tous nous répétons dans les rangs : « Voici l'empereur! Vive l'empereur! »

Nous nous retournons et reconnaissons Napoléon à son petit chapeau et à sa redingote grise, avec un nombreux état-major et son escorte de chasseurs à cheval de la garde; il arrive à travers champs et pousse droit sur nous au galop. Il rencontre des blessés d'Oudinot : « Sire, allez vite, lui direntils, au secours de nos camarades. Les Russes sont les plus forts en ce moment. » — « A vos rangs ! fixe ! face à l'ennemi ! » nous crient nos officiers.

La présence de l'empereur nous a remplis d'une ardeur nouvelle. Lannes, Oudinot, Mortier, qui sont là depuis le matin, Ney, qui vient d'arriver, l'entourent avec le plus vif empressement.

Le brave Oudinot accourt avec son habit percé de balles et son cheval couvert de sang : « Hâtez-vous, Sire, dit-il, mes grenadiers n'en peuvent plus; mais donnez-moi un renfort, et je jetterai les Russes à l'eau. »

Napoléon promène sa lunette sur cette plaine, où les Russes, acculés dans le coude de l'Alle, essayent vainement de se déployer, et juge bien vite leur périlleuse situation. Sur-le-champ il fait ses dispositions d'attaque. Elles sont dignes de son merveilleux coup d'œil. Jeter les Russes dans l'Alle est le but que tout le monde, jusqu'au moindre soldat, assigne à la bataille.

Toutes les troupes arrivent. L'empereur donne une heure de repos, visite ses lignes, revient au galop vers sa garde et change de cheval. Entouré de ses lieutenants, il leur explique, avec la force et la précision de son langage, le rôle que chacun a à jouer. Saisissant par le bras le maréchal Ney et lui montrant Friedland, les ponts, les Russes accumulés en avant :

« Voilà le but, lui dit-il, marchez-y sans regarder autour

Bataille de Friedland (14 juin 1807), d'après le tableau d'Horace Vernet au musée de Versailles.

4

de vous; pénétrez dans cette masse épaisse, pénétrez dans Friedland, prenez les ponts, et ne vous inquiétez pas de ce qui pourra se passer à droite, à gauche, ou sur vos derrières. L'armée et moi nous sommes là pour y veiller. »

Ney, bouillant d'ardeur, tout fier de la redoutable tâche qui lui est assignée, part au galop pour diposer ses troupes en avant du bois de Sortlack. Frappé de son attitude martiale,

Les grenadiers du 50e de ligne culbutent les Russes en avant de Sortlack (14 juin 1807).

Napoléon, s'adressant au maréchal Mortier, lui dit : « Cet homme est un lion ! » Notre armée, qui compte en ce moment près de quatre-vingt mille hommes, attend avec impatience la reprise de l'action. A peine en ce moment quelques décharges d'artillerie signalent-elles la continuation de la bataille.

Enfin, le moment convenable lui paraissant arrivé, Napoléon donne le signal. Les vingt pièces de la batterie de Posthenen tirent à la fois; l'artillerie de l'armée leur répond sur toute la ligne. A ce signal impatiemment attendu, le maréchal Ney, à cheval, en grand uniforme, paré de toutes ses décorations, passe sur le front de nos deux divisions Marchand et Bisson, et tire l'épée; grand, maigre, osseux, avec ses cheveux roux, il nous regarde de ses yeux gris clair, et l'on croirait qu'il nous voit tous; chacun se figure que c'est lui qu'il regarde. Au bout d'un instant il étend son épée du côté de Friedland, en nous criant : « Nous allons enlever ça! vous aurez de l'ensemble... C'est le nœud de la bataille... Je vous conduirai moi-même... Bataillons..., en avant, marche ! »

Nous partons au pas accéléré, par compagnies, sur trois lignes. Le maréchal est devant, à cheval, avec le général Marchand, notre colonel et les officiers supérieurs du 50e. Il a remis son épée dans le fourreau; les balles sifflent par centaines. Tantôt l'un, tantôt l'autre de nous s'affaisse, et l'on passe par-dessus. Deux ou trois fois le maréchal se retourne pour voir si nous marchons réunis; il a l'air si calme, que sa mine donne confiance à tout le monde. Chacun pense : « Ney est avec nous..., les autres sont perdus. »

A mesure que nous approchons du village de Sortlack, où les Russes se sont retranchés, le bruit de la fusillade devient plus clair au milieu du roulement des canons, et l'on voit aussi mieux la flamme des coups de fusils qui sortent par les fenêtres.

Comme toute la fusillade des Russes se dirige sur nous, le maréchal Ney, tirant son épée, crie d'une voix qui s'entend au loin : « En avant! » Il part dans la fumée avec deux ou trois autres officiers. Nous courons tous à sa suite. Derrière, bien loin, la charge bat. Le feu sort de toutes les fenêtres du village; on ne sent que l'odeur épaisse de la poudre. « Enlevez-moi ça ! » crie le maréchal. Nous entrons au pas de charge dans Sortlack comme des bandes de loups; on perce les Russes, qui poussent des cris et des jurements sauvages. Ce village en notre pouvoir, nous continuons notre mouvement offensif. Leur cavalerie essaye de nous arrêter, mais nos cuirassiers tombent sur elle et la culbutent dans l'Alle, où la plupart de ces malheureux se noient.

Le maréchal Ney, galopant d'un bout de la ligne à l'autre, soutient le cœur de ses soldats par sa contenance héroïque. Cependant des files entières sont emportées, et le feu devient tel, que les troupes, même les plus braves, ne peuvent pas le supporter longtemps. A cette vue la cavalerie de la garde russe s'élance sur la division Bisson et la ramène, malgré les efforts de ce général, qui par sa stature domine les lignes de ses soldats.

Une bonne capture.

La situation devient des plus graves. Dupont, sur ces entrefaites, arrive avec sa belle division et la porte en avant, en lui rappelant Ulm, Dirnstein, Halle. En même temps le général Sénarmont, qui commande l'artillerie, accourt au grand trot avec une quarantaine de bouches à feu du 1er régiment d'artillerie, et les place en batterie sur une hauteur qui domine l'armée russe. Nos artilleurs, en uniforme bleu et rouge, sac au dos, en guêtres blanches, dressent nos batteries avec une remarquable rapidité, et, attendant les Russes jusqu'à portée de mitraille, causent d'affreux ravages dans les masses ennemies, qui commencent à s'accumuler dans le coude de l'Alle, et broient les hommes comme des grains de blé sous une meule. Les Russes, toujours plus refoulés dans ce gouffre, éprouvent une sorte de désespoir et tentent un effort suprême pour se dégager.

La garde impériale russe, appuyée au ruisseau du Moulin, et à demi cachée dans le ravin qui sert de lit à ce ruisseau, sort de sa retraite et marche la baïonnette baissée sur la division Dupont, placée aussi le long du ruisseau; celle-ci n'attend pas la garde russe, va droit à elle, et, l'abordant à l'arme blanche, la repousse, l'accule au ravin.

Les Russes, ramenés, se jettent, les uns au delà du ravin du Moulin, les autres sur les faubourgs de Friedland. Une affreuse mêlée s'engage aux portes de la ville, où Ney vient d'entrer par la route d'Eylau. On presse les Russes de toutes parts, on pénètre dans les rues à leur suite, on les rejette sur les ponts de l'Alle, que l'artillerie du général Sénarmont, restée en dehors, enfile de ses obus. Affolés, les Russes se précipitent sur les ponts pour chercher un refuge dans les rangs des troupes laissées en réserve de l'autre côté de l'Alle.

A peine quelques débris de l'aile gauche de Benningsen ont-ils passé les ponts, que ces ponts sont détruits, incendiés par les Français et par les Russes eux-mêmes, pressés de nous arrêter.

Ney et Dupont, après avoir accompli leur tâche, se réunissent au milieu de Friedland en flammes et se félicitent de ce glorieux succès.

Napoléon n'a cessé de suivre des yeux ce grand spectacle; tandis qu'il le contemple attentivement, un obus passe à hauteur des baïonnettes, et un soldat, par un mouvement instinctif, baisse la tête : « Si cet obus t'était destiné, lui dit Napoléon en souriant, tu aurais beau te cacher à cent pieds sous terre, il irait t'y chercher. » La destruction de l'aile gauche des Russes a laissé l'aile droite sans appui au milieu de la plaine, privée de tout moyen de retraite, et ayant derrière elle une rivière sans ponts. Le général Gortschakoff, qui commande cette aile, aperçoit le danger qui le menace et essaye de s'y soustraire en s'ouvrant un passage à travers nos troupes. Mais Lannes avec ses grenadiers et Mortier avec les fusiliers de la garde lui opposent un mur de fer qui arrête tous ses efforts.

Les Russes se dirigent alors sur Friedland et essayent de reprendre cette ville. Leur première colonne y pénètre et refoule un moment les soldats de Ney et de Dupont; mais ceux-ci repoussent à leur tour les troupes de Gortschakoff. Une nouvelle mêlée s'engage au milieu de cette malheureuse cité dévorée par les flammes, qu'on se dispute à la lueur de l'incendie. Les rues sont jonchées de cadavres, d'armes brisées, de caissons renversés.

Nous restons enfin les maîtres de Friedland, et ramenons le corps de Gortschakoff dans cette plaine sans issue qui lui a servi de champ de bataille.

Voulant profiter de quelques instants de jour qui lui restent encore, Napoléon ordonne une attaque générale et donne le signal de pousser les Russes sur tous les points; infanterie, cavalerie, artillerie, tout s'ébranle en même temps. Les Russes se battent comme des lions. Gortschakoff, pressé de tous côtés, se voit au moment de mettre bas les armes. Une partie de ses soldats, assez heureux pour trouver des passages guéables, parviennent à se sauver; les autres ne veulent pas se rendre et préfèrent se noyer dans la rivière. Quelques pièces d'artillerie seulement peuvent être sauvées; le reste demeure sur la rive gauche et tombe en notre pouvoir.

Il est dix heures et demie du soir. La victoire est complète. Napoléon, dans sa vaste carrière, n'en a pas remporté une plus éclatante. Il a pour trophées quatre-vingts bouches à feu, peu de prisonniers, car les Russes ont accepté la mort plutôt que de déposer leurs armes ; mais vingt-cinq mille hommes, tués ou blessés, couvrent de leurs corps les deux rives de l'Alle. La rive droite, où beaucoup d'entre eux se sont traînés, présente un spectacle de carnage presque aussi affreux que celui de la rive gauche. La nuit n'est éclairée que par les lueurs sinistres jetées par les colonnes de feu qui s'élèvent au-dessus de Friedland et des villages voisins. Nous n'avons pas à regretter, quant à nous, plus de sept à huit mille hommes.

L'armée russe, coupée en deux, descend l'Alle par une nuit claire et transparente, le désespoir dans l'âme, et se dirige en toute hâte sur le Niemen ; sa retraite présente l'aspect de la déroute la plus complète : à chaque pas les vainqueurs recueillent des caissons, des prisonniers, des armes, des bagages. L'armée française coucha dans la position où elle avait combattu ; les soldats, joyeux cette fois autant qu'à Austerlitz ou à Iéna, criaient à tue-tête : « Vive l'empereur ! » quoique n'ayant à manger qu'un morceau de pain porté dans leur sac.

Napoléon passa la nuit au bivouac, entouré de ses grognards, qui, pour nous servir de l'expression un peu pittoresque du général Gros, colonel-major des chasseurs à pied de la vieille garde, « s'étaient embêtés à rester les bras croisés toute la journée. » Mais le lendemain, à la pointe du jour, il était à cheval, parcourant les lignes de ses troupes, dont les soldats dormaient encore. Il défendit qu'on les éveillât pour lui rendre les honneurs, ainsi que cela était d'usage.

Il parcourut ensuite le champ de bataille des Russes, qui offrait un affreux spectacle. On pouvait suivre l'ordre de leurs bataillons par les lignes des monceaux de leurs cadavres.

Kœnigsberg, la dernière ville du roi de Prusse, se rendit à la suite de cette victoire ; on y trouva d'immenses approvisionnements, et cent mille fusils envoyés par l'Angleterre, qui donnait bien des armes et de l'argent, mais n'osait pas encore mettre à terre un seul de ses régiments.

ESSLING

(21 ET 22 MAI 1809)

PAR UN MARÉCHAL DES LOGIS DU 9e HUSSARDS

Le 10 mai 1809, la grande armée, après un bombardement de quelques heures, dirigé avec d'infinies précautions, entrait triomphante pour la seconde fois dans la capitale de l'Autriche.

L'armée de l'empereur François, après avoir fait sauter tous les ponts du Danube, s'était retirée de l'autre côté de ce fleuve et s'était postée en face de Vienne, sous les ordres de l'archiduc Charles. Il fallait aller la trouver et traverser ce terrible Danube, qui avait augmenté par la fonte des neiges des montagnes du Tyrol et coulait à pleins bords.

Le passage d'un fleuve en présence d'une armée ennemie est toujours une opération difficile. La masse d'eau du Danube qui, sous les murs de Vienne, s'étend à l'aise dans une vaste plaine, rendait cette opération presque impossible, et pourtant Napoléon allait la tenter et réussir. Afin de diminuer le danger, il choisit pour effectuer le passage le point où le Danube est séparé par trois îles en quatre bras. De ces trois îles, la dernière était la plus longue ; c'est l'île Lobau, à jamais célèbre par les événements extraordinaires dont elle allait être le témoin. Elle a une lieue de long sur une lieue et demie de large. On pouvait y arriver sans être inquiété par l'ennemi, et il ne restait plus que le petit bras à franchir sous le feu des Autrichiens. L'opération devenait possible.

Tous les matériaux nécessaires au passage étant prêts vers les 16 et 17 mai à Vienne, on les fait descendre à trois lieues au-dessous de cette ville, en face de l'île de Lobau et de la plaine d'Essling. L'empereur ordonne alors d'occuper tous les édifices pour empêcher les Viennois de faire des signaux à l'archiduc Charles, puis commande d'exécuter des démonstrations de passage en face de Vienne, pour maintenir l'armée ennemie en face de sa capitale et l'empêcher de descendre du côté d'Essling. En même temps toutes nos troupes se dirigent vers le point où l'on doit tenter le passage.

Toute la journée du 18 mai, nous marchons vers Ebersdorf, point de concentration, par une très grande chaleur et dans la poussière des chemins.

Plus nous avançons, plus nous voyons devant nous d'autres régiments d'infanterie et de cavalerie. On se tasse, pour ainsi dire, de plus en plus, car derrière nous il en vient encore d'autres. Tout file du côté du Danube ; tout le corps de Lannes, celui de Masséna, deux divisions de celui de Davout, la garde et la réserve de cavalerie.

Mon régiment, le 9e hussards, fait partie de la division de cavalerie de Lasalle. En avant de nous marche, suivi de ses officiers, ce brave général, le héros de Stettin, où avec huit cents cavaliers il s'est emparé de cette place de guerre défendue par cent pièces de canon et six mille fantassins prussiens. Grand, admirablement bâti, Lassalle, avec ses cheveux frisés, ses grosses moustaches retroussées et ses favoris en pattes de lapin, est le véritable type de l'officier de cavalerie légère.

Napoléon a quitté le palais de Schœnbrunn pour établir son quartier général à Ebersdorf. L'opération commence sous ses yeux : la division Molitor est placée dans des barques et transportée successivement dans l'île de Lobau, qu'elle occupe sans rencontrer aucune résistance.

A peine nos soldats installés dans cette île, le général d'ar-

Charge du 9e hussards.

tillerie Pernetti travaille à l'établissement du grand pont. On y emploie soixante-dix bateaux qui sont sans cesse entraînés et qu'on amarre difficilement, car le fleuve est d'une force effrayante. A défaut d'ancres on se sert de canons de gros calibre trouvés dans l'arsenal de Vienne ou bien de caisses remplies de boulets.

Malheureusement le courant devient à chaque instant plus rapide, par suite d'une crue dont les progrès sont menaçants.

Enfin on réussit à fixer les bateaux et on peut établir avec des madriers le tablier du pont. Toute la journée du 19 et la moitié de celle du 20 sont employées à terminer ce vaste ouvrage. Cela fait, la division Boudet, l'une des quatre de Masséna, traverse le pont au pas de charge et rejoint les quatre régiments du général Molitor. Notre division passe à son tour dans l'île et se place à couvert des regards des vedettes ennemies, dans le lit desséché d'un canal.

Il ne reste plus que le petit bras à franchir. Deux braves officiers, M. de Sainte-Croix, aide de camp du maréchal Masséna, et M. Baudus, aide de camp du maréchal Bessières, se jettent dans des barques avec deux cents voltigeurs et se dirigent rapidement vers la rive ennemie. Les pontonniers, courbés sur leurs avirons, redoublent d'efforts. En quelques minutes nos soldats prennent pied sur le bord opposé. Plusieurs coups de feu retentissent, des balles viennent fouetter l'eau autour des embarcations; mais nos voltigeurs, conduits par leurs braves officiers, sautent à terre et courent sur les bouquets d'arbres, d'où quelques Autrichiens se sauvent à toutes jambes. A leur suite nous voyons les épaulettes jaunes s'enfoncer dans le petit bois qui dans cet endroit couvre la rive du Danube. Le câble sur lequel le pont doit être appuyé est solidement amarré à terre, afin d'établir aussitôt le passage. Pour ce dernier ouvrage on a réservé l'équipage de ponts pris à Landshut et transporté sur des haquets.

En trois heures la communication est établie; notre division de cavalerie défile la première sur ce pont; les cavaliers ont mis pied à terre et tiennent par la bride leurs chevaux, qui se cabrent et s'épouvantent en entendant résonner le tablier en planches sous leurs sabots. A peine le Danube traversé : « A cheval, les enfants! » commandent nos officiers. Nous sautons en selle et traversons le petit bois. Au delà, le terrain s'élargit, et l'on rencontre à droite le village

Bataille d'Essling (1809). — Mort du maréchal Lannes.

d'Essling et à gauche celui d'Aspern. Une sorte de fossé peu profond, rempli d'eau seulement quand le fleuve déborde, s'étend de l'un à l'autre de ces deux villages. Notre cavalerie le franchit au galop, et nous voilà lancés en fourrageurs dans cette vaste plaine dite le Marchfeld, qui par une pente douce de deux à trois lieues s'élève insensiblement jusqu'aux hauteurs de Wagram, balayant devant nous quelques petits postes de uhlans et de houzards hongrois, qui fuient à fond de train, couchés sur l'encolure de leurs chevaux.

Il fait une magnifique journée de printemps, chaude et pure, mais qui tire à sa fin, car notre passage s'est effectué à une heure très avancée dans l'après-midi. Soudain, dans la pénombre qui s'étend rapidement sur le Marchfeld, nous apercevons une masse de cavalerie autrichienne s'avançant sur nous. Nos chasseurs et hussards repassent rapidement le fossé. Les Autrichiens s'élancent en poussant des hourras stridents. Tout à coup un feu de salve retentit comme un roulement de tambours. Ce sont nos voltigeurs d'avant-garde, qui, couchés derrière un pli de terrain, ont attendu tranquillement cette cavalerie et l'ont arrêtée par une décharge à bout portant couvrant la terre de ses tués et blessés.

Ainsi commença, le 20 mai au soir, la sanglante bataille d'Essling. A ce moment une mauvaise nouvelle nous parvient : le grand pont établi sur les deux bras principaux vient d'être rompu par l'enlèvement de quelques bateaux, qui ont cédé à la violence du courant. Une crue subite de trois pieds a produit cet accident et peut le produire encore. La cavalerie légère du général Marulaz s'est vue coupée en deux par la rupture du pont. Heureusement les généraux Bertrand et Pernetti se sont mis à l'ouvrage avec une extrême activité, afin de pouvoir rétablir le grand pont pendant la nuit.

Sans être résolu à livrer bataille, Napoléon prend ses dispositions pour garder cette importante communication. En conséquence, la division Molitor va coucher à Aspern et la division Boudet à Essling. Notre cavalerie bivouaque entre ces deux villages, en avant du petit bois. L'empereur, avec le major général Berthier, son état-major et son escorte de chasseurs à cheval, s'établit au même lieu. Une douzaine de chasseurs, la baïonnette au bout de la carabine, sont placés en sentinelles autour de Napoléon, qui se roule dans son manteau, et, suivant sa coutume, s'endort tranquillement et tout habillé devant un feu de bivouac.

Neuf heures sonnent aux clochers d'Aspern et d'Essling. Le silence se fait peu à peu dans notre campement. Chacun s'arrange derrière une haie ou dans un sillon pour dormir. Il fait un clair de lune magnifique; tout le pays, à plusieurs lieues devant nous, brille comme de l'argent. Les hauteurs de Wagram et de Neusiedel étincellent de feux innombrables. Ce sont les campements autrichiens.

Dans le lointain on entend des « *Wer da?* » et sur notre front des « Qui vive? » Beaucoup plus près de nous, les vedettes de notre division regardent, la carabine appuyée sur la cuisse, les chevaux immobiles dans les blés jusqu'au ventre.

Au petit jour, le 16e chasseurs à cheval monte en selle et se met en mouvement; des files de cavaliers traversent les moissons, se dirigeant en reconnaissance vers les positions ennemies, où rien ne bouge.

Entre huit et neuf heures, le général Lassalle arrive sur notre front. Ses officiers vont serrer la main à leurs camarades. A ce moment de nouvelles troupes commencent à déboucher du petit bois; ce sont les cuirassiers du général

Espagne, la cavalerie légère du général Marulaz, la division d'infanterie Legrand et de nombreuses batteries qui viennent de traverser le pont réparé pendant la nuit. Malheureusement le passage est lent et difficile, car nous ne possédons qu'un seul pont.

Vers midi, on bat et on sonne le rappel. Nous sautons à cheval. Au même instant des milliers de cris de : « Vive l'empereur! » s'élèvent à gauche. Napoléon arrive. Ces cris se rapprochent comme un orage. Dans toute notre division on n'entend qu'un murmure : « Le voilà! » L'empereur arrive à cheval avec son état-major; de loin on ne reconnaît que sa capote grise et son chapeau. Il entre dans les blés en avant de nous, et, mettant pied à terre, regarde avec sa longue-vue, appuyée sur l'épaule d'un chasseur à cheval, les hauteurs de Wagram, qui viennent de se couronner de fortes colonnes blanches et bleues. Ce sont les Autrichiens, qui arrivent enfin pour nous jeter dans le Danube, et descendent la plaine inclinée du Marchfeld, décrivant autour d'Aspern et d'Essling un vaste demi-cercle.

Le major général Berthier monte dans le clocher d'Essling, apprécie d'un coup d'œil l'étendue du terrain, le nombre d'hommes qui le couvre et évalue à quatre-vingt-dix mille hommes environ l'armée autrichienne. Nous n'avons à opposer à l'ennemi que vingt-deux mille soldats; mais ce sont des troupes d'élite, qui tiendront jusqu'à la dernière extrémité et donneront au reste de l'armée le temps de traverser le Danube.

Napoléon prend rapidement ses dispositions de combat. Des files d'officiers d'ordonnance partent, les reins pliés, le nez entre les oreilles de leurs chevaux, et vont transmettre les instructions de l'empereur à ses maréchaux. Lannes, quoique son corps n'ait pas encore franchi le Danube, est accouru et commande l'aile droite à Essling; Masséna, l'aile gauche à Aspern; au centre, le maréchal Bessières avec la cavalerie. Tout ce qu'on a d'artillerie est disposé dans les intervalles. Une nuée de tirailleurs est répandue dans le fossé, entre les deux villages; on n'aperçoit que les plumets jaunes et rouges de ces voltigeurs et grenadiers qui attendent, l'arme chargée, que les Autrichiens soient à portée de fusil.

Tout à coup, d'un bout à l'autre de la ligne, toutes les musiques des régiments se mettent à jouer, tout se mêle : les tambours, les trompettes. Vers trois heures de l'après-midi, le roulement de la fusillade et des coups de canon commence vers la gauche. Les musiques en même temps ont cessé; on crie de tous côtés : « En avant ! Vive l'empereur ! »

La bataille vient de s'engager avec une extrême violence. Une colonne autrichienne s'est jetée sur Aspern, en arrière duquel la division Molitor est installée, et a pris possession de ce poste important. Le général Molitor se lance aussitôt sur ce village à la tête des 16e et 67e de ligne, régiments accomplis, commandés par deux des meilleurs colonels de l'armée, Marin et Petit, et entre au pas de charge dans la rue qui forme le milieu d'Aspern afin d'en déloger les Autrichiens. Ces deux régiments pénètrent, baïonnette baissée, dans cette rue fort large, car les villages d'Autriche sont vastes et construits très solidement; ils repoussent tout devant eux, et barricadent Aspern avec ce qui leur tombe sous la main : voitures, charrettes, instruments de labourage, tonneaux, meubles, etc.

Une masse d'infanterie ennemie vient au secours de la première colonne : ce sont des fantassins bohêmes et croates, avec leurs grands habits blancs, les buffleteries, les guêtres de toile, les shakos évasés, les moustaches rousses ; les jeunes officiers, à casquette plate, dans l'intervalle des compagnies, se dandinant à cheval, l'épée au poing, et se retournant pour crier d'une voix grêle : *Vorwarts! Vorwarts!* (En avant! en avant!) Tout cela, hérissé de baïonnettes scintillantes, descend au pas de charge sur Aspern. En tête de cette colonne, sur un grand cheval bai, s'avance tout droit un vieil officier à perruque blanche, la taille enveloppée d'une écharpe jaune et la poitrine décorée de rubans.

Soudain nos barricades se couvrent d'éclairs. Les Allemands font halte, et répondent par un feu roulant. Toute cette partie du Marchfeld s'enveloppe d'une fumée épaisse et bleuâtre. De grands cris se font entendre : ce sont les régiments de Molitor qui, prenant l'offensive, sortent des barricades qui les couvrent, tombent à la baïonnette sur les Autrichiens et les culbutent au loin. Cette première attaque a été chaudement repoussée, et le terrain nettoyé en un clin d'œil. Mais ce n'est là que le prélude de cette effroyable journée.

Le général autrichien Hiller revient à la charge, appuyé par les profondes colonnes de Belgarde. Trente-six mille « kaiserlichs » vont sur ce seul point attaquer les sept mille Français de Molitor. Il semble que cette masse d'habits blancs va écraser sous son seul poids le village d'Aspern.

La fusillade recommence plus violente que jamais. Tout à coup un roulement de tambours retentit; et toute cette fourmilière d'hommes se prend à courir de nouveau sur les barricades, les officiers comme les autres, criant : *Vorwarts!* La terre en tremble et se couvre de leurs cadavres. Bientôt une affreuse mêlée s'engage. Les premiers assaillants sont assommés à coups de crosse ou percés à coups de baïonnette, et retombent dans leurs rangs comme grêle. Enfin l'ennemi pénètre dans Aspern. Nos soldats défendent le poste qui leur est confié avec une fureur égale à celle que les Autrichiens mettent à l'assaillir.

Sur la droite d'Aspern on aperçoit de grandes lignes vertes. C'est Marulaz avec ses régiments de chasseurs à cheval, qui charge sans relâche les masses profondes des Autrichiens et essaye de dégager Molitor; plusieurs carrés sont enfoncés; mais nos cavaliers ne peuvent venir à bout de cette multitude d'ennemis et sont forcés de revenir, en ramenant quelques pièces de canon qu'ils ont prises. Combien nous en avons vu, le lendemain, de ces chasseurs étendus dans la plaine! Sur notre droite le canon gronde de plus en plus fort dans la direction d'Essling. Des masses de fumée blanche passent au-dessus de ce village. Tout le Marchfeld est en feu.

Mais le combat va devenir plus terrible. A notre tour nous allons prendre part à l'action. La colonne de Hohenzollern entre enfin en action, soutenue par la réserve de cavalerie du prince Jean de Lichtenstein, et marche sur notre centre. A cette vue, le maréchal Lannes ordonne un puissant effort à notre cavalerie. Courant à son collègue Bessières, qui a sous ses ordres les quatre régiments de cuirassiers du général Espagne et nos quatre régiments de cavalerie légère que commande Lasalle : « Pars de suite, lui commande-t-il, et charge *à fond.* — Je n'ai pas l'habitude de charger autrement, tu devrais le savoir, » lui répond le brave Bessières; et il s'avance avec notre cavalerie, qui se forme en avant en bataille, sous le feu d'une batterie de canons que l'ennemi vient d'établir en face de nous.

Les cuirassiers partent les premiers, Bessières et Espagne en tête. Cette charge est splendide. En un clin d'œil les *gilets de fer* enlèvent l'artillerie ennemie, sabrent les canonniers, enfoncent et dispersent la première ligne d'infanterie de Hohenzollern. Nous sommes enthousiasmés : « Bravo! les cuirassiers ! » crions-nous en brandissant nos sabres. Tout à coup nos cuirassiers voient paraître la masse de la cavalerie autrichienne, que l'archiduc Charles a lancée sur eux. Surpris pendant le désordre de la charge qu'ils viennent d'exécuter, ils sont violemment assaillis et ramenés.

Lasalle, avec cette vigueur et ce coup d'œil qui le distinguent, s'aperçoit du danger : « A vous, le 9e hussards! nous crie-t-il. En avant! » et, se mettant à notre tête, il vole au secours des cuirassiers. Nous tombons comme la foudre sur les hussards de Stipsicz, acharnés à la poursuite de nos camarades, et en sabrons un bon nombre. Mais une masse de uhlans, la fourragère jaune et noire en travers de la veste blanche, et coiffés du petit schapska jaune bordé de fourrure à aigrette de héron, nous entourent en brandissant leurs longues lances à fanons jaunes et noirs. Nous nous défendons à coups de bancals et de pistolet. Au milieu de ce tumulte, le brave Espagne, le premier officier de grosse cavalerie de l'armée, est tué d'un biscaïen. Son cadavre est emporté par ses officiers dans un manteau blanc de cuirassier tout ensanglanté. Bessières est enveloppé, avec son aide de camp Baudus, par les uhlans, fait feu de ses deux pistolets et met le sabre à la main pour se défendre, lorsque des hussards du 9e, s'apercevant du péril, viennent le dégager.

Les cuirassiers se sont ralliés, et, appuyés par notre division, s'apprêtent à charger la seconde ligne d'infanterie autrichienne. Nos régiments se ploient en escadrons et exécutent une série de charges successives.

Enfin on sonne le ralliement; notre division, épuisée, se replie, laissant le quart de son effectif couché sur le champ de bataille par la mitraille ennemie. Nous sommes dans un affreux désordre : nos gros shakos criblés de coups, les dolmans noircis de poudre, les pelisses lacérées par les balles; beaucoup d'entre nous ont le visage ensanglanté et balafré; nous essuyons à la crinière des chevaux nos bancals gluants de sang. Les affaires vont mal pour nous : heureusement nous voyons déboucher du petit bois deux nouvelles brigades de cuirassiers et une division d'infanterie. Cette dernière se dirige au pas de course et en soulevant des flots de poussière vers Aspern, où l'héroïque Molitor tient tête à l'ennemi depuis cinq heures, et a laissé la moitié de sa division tuée ou blessée dans les rues de cet infernal village. En même temps les cuirassiers de Nansouty et les chasseurs de Marulaz remplacent les cuirassiers d'Espagne et notre division, qui sont à bout de forces.

Aspern est conservé. Notre cavalerie repousse celle de l'ennemi et enfonce plusieurs carrés. Entré dans un de ces carrés, le bouillant Marulaz y est démonté et va être pris ou tué, quand ses chasseurs, rappelés par ses cris, le dégagent, lui donnent un cheval et reviennent en passant sur le corps d'une ligne d'infanterie. Il y a six heures que dure cette lutte opiniâtre. A Aspern, à Essling, des fantassins acharnés s'arrachent des ruines enflammées; entre ces deux villages, des masses de cavalerie se disputent la plaine à coups de sabre.

L'archiduc Charles remet la bataille au lendemain et reporte ses troupes en arrière; peu à peu la fusillade décroît et finit par cesser entièrement. La nuit arrive. Accablés par le sommeil et la fatigue, nous passons la bride de nos chevaux dans notre bras droit, et nous couchons à terre, enveloppés de nos manteaux blancs.

Pendant la nuit le défilé des troupes continue. Les ponts sont fatigués et presque submergés sous le poids des caissons d'artillerie; sur certains pontons qui se sont affaissés, nos soldats traversent le fleuve les pieds dans l'eau. Malheureusement la crue du Danube augmente à vue d'œil; le courant entraîne de nombreux corps flottants qu'il faut à chaque instant détourner : tantôt ce sont des troncs d'arbres énormes déracinés par les eaux, tantôt des bateaux mis à sec sur les rives que le fleuve a remis à flot en s'élevant, tantôt enfin de gros moulins enflammés que l'ennemi lance avec l'intention de détruire notre unique voie de communication.

Vers minuit, le grand pont se rompt de nouveau; c'est la troisième fois. Le Danube, élevé d'abord de sept pieds, vient encore de monter de sept, ce qui fait une crue de quatorze pieds. Cependant, à force d'énergie, le pont est réparé à l'aube. La communication rétablie, la belle division Saint-Hilaire, les deux divisions des grenadiers d'Oudinot, toute l'artillerie des corps de Masséna et de Lannes, deux divisions de cavalerie légère, la petite division Demont, passent à la fin de la nuit et à la pointe du jour. La garde à pied traverse également le Danube et reçoit l'ordre de mettre ses bonnets à poil. En passant sur trois rangs le grand pont, nos grenadiers et nos chasseurs se défont les uns aux autres, et tout en marchant, leurs bonnets, qui sont renfermés dans des étuis sur le sac. Cette opération s'accomplit dans la traversée du pont, et tous les chapeaux à cornes sont jetés dans le Danube. La garde n'en porta jamais depuis ce jour-là.

Dès l'aube, tout le monde est debout dans les deux armées. Dès quatre heures du matin, les tirailleurs échangent des coups de fusil. Napoléon, qui n'a presque pas pris de repos, est à cheval au point dit la Tuilerie, entre Essling et Aspern, et donne ses ordres aux maréchaux. Aujourd'hui nous avons soixante mille hommes, il est vrai, à opposer aux quatre-vingt-dix mille Autrichiens de l'archiduc Charles; mais notre artillerie ne compte que cent quarante-quatre pièces de canon, tandis que l'ennemi peut mettre en batterie trois cents bouches à feu.

Le combat recommence à gauche dans Aspern, où l'ennemi a réussi à conserver l'église la veille au soir, et où il s'est fortement retranché, ainsi que dans le cimetière. Napoléon dirige sur ce point une jeune troupe d'infanterie, à l'aspect martial, appuyée par quatre pièces de canon : les hommes portent l'habit-veste de drap bleu de roi, avec pattes d'oie pour épaulettes, en drap bleu ou vert à liseré blanc. Sur les retroussis verts ou écarlates, des aigles découpés en drap blanc. La veste et le pantalon blancs, les guêtres noires, en forme de bottes à la russe, et garnies de boutons de cuivre. Le shako, orné de chevrons en V en galon blanc, est garni d'un cordon rouge ou vert et d'un aigle découpé en cuivre; il est orné d'un magnifique plumet rouge et blanc.

Ce sont les tirailleurs-grenadiers et les tirailleurs-chasseurs de la jeune garde, créés le 16 janvier 1809, par un décret impérial en date de Valladolid (Espagne). Ces jeunes régiments vont recevoir le baptême du feu et faire leurs premières armes sous l'intrépide Masséna. Sans daigner tirer un coup de fusil, cette valeureuse jeunesse court, la baïonnette au bout du fusil, avec l'aplomb de vieux soldats, sur l'église et le cimetière d'Aspern, où les Autrichiens se sont entassés,

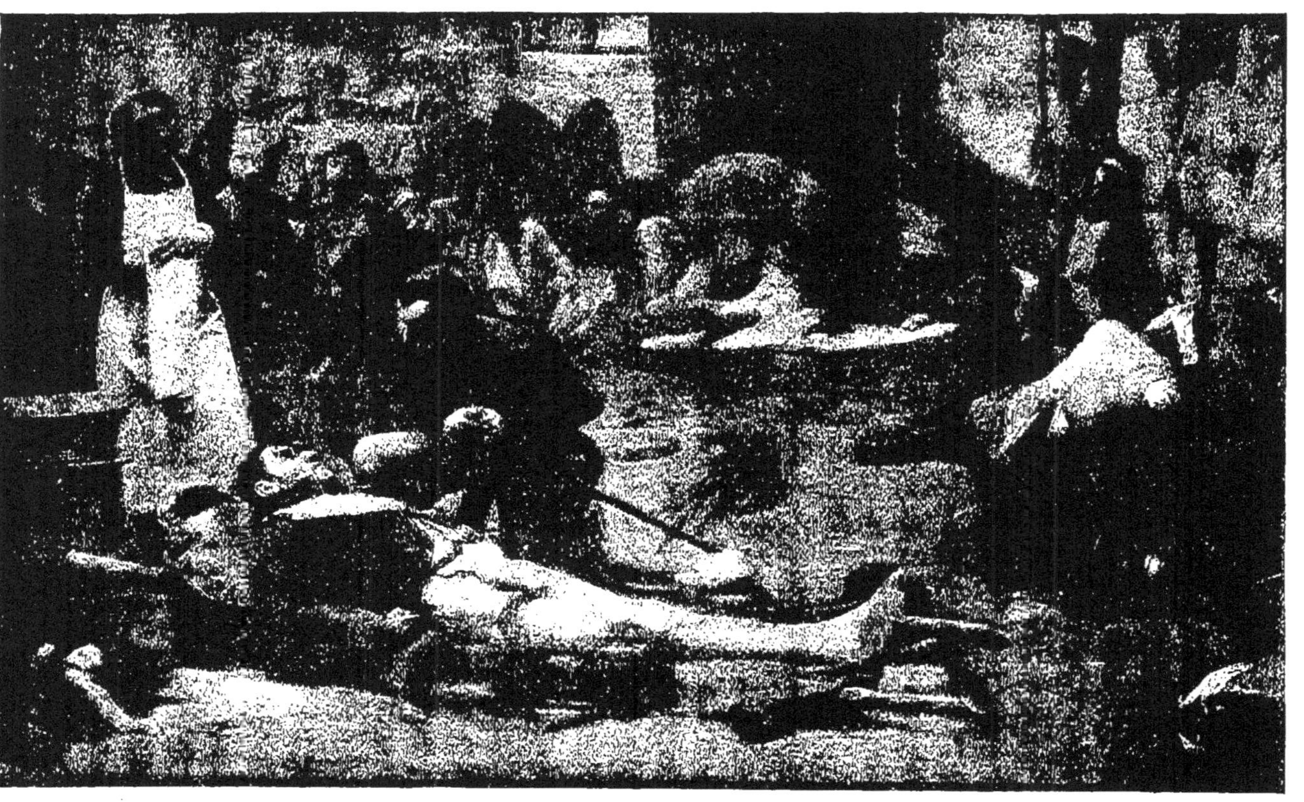

Mort du maréchal Lannes (d'après le tableau de Boutigny).

les en déloge et en fait un affreux carnage. Un brave sergent de tirailleurs-grenadiers fait prisonnier le feld-maréchal Weber.

Le moment est venu de prendre l'offensive. Lannes, laissant la division Boudet dans Essling, se jette à son tour sur le centre ennemi, avec une masse de vingt mille fantassins et de six mille cavaliers, afin de l'enfoncer.

Notre vaillante infanterie se met à courir en avant. On ne voit plus rien, on n'entend plus rien ; on passe à travers les moissons, les haies, les fossés ; ceux qui tombent, on n'y fait pas attention ; bientôt on joint l'ennemi ; nos baïonnettes trouent les habits blancs, qui commencent à reculer en désordre. A ce spectacle l'archiduc Charles s'élance à la tête de ses soldats pour les maintenir, et prend en main le drapeau du régiment de Zach, qu'il ramène en avant. Ses plus braves officiers sont frappés à côté de lui, notamment le comte Colloredo, qu'il voit tomber sous ce feu épouvantable, et dont il serre la main avec douleur. Voyant l'infanterie autrichienne ébranlée, Lannes lance sur elle Bessières et ses cuirassiers, qui enfoncent plusieurs carrés du corps de Hohenzollern, et enlèvent des prisonniers, des canons, des drapeaux.

Le duc de Montebello, ne doutant plus du succès, envoie à Napoléon un de ses officiers d'état-major, le chef d'escadron César de Laville, pour l'informer de ses progrès. Malheureusement, à cet instant même, une sinistre nouvelle est apportée à l'empereur : le grand pont établi entre Ebersdorf et l'île de Lobau vient d'être complètement rompu, au moment où six beaux régiments de cuirassiers, les deux divisions du maréchal Davout et les caissons du grand parc se préparaient à y défiler. Pourtant ce n'est pas la privation des troupes qu'il faut le plus regretter, car les soixante mille hommes qui sont passés sur la rive gauche suffisent pour culbuter l'armée autrichienne ; mais nos munitions, dont une prodigieuse quantité a déjà été consommée, sont presque épuisées et vont bientôt faire complètement défaut, sans pouvoir être renouvelées. Sur cet avis désastreux, Napoléon ordonne à Lannes de suspendre toute offensive et de se replier peu à peu sur la ligne d'Essling à Aspern, en ayant soin de ménager ses munitions. Profitant de ce répit, l'archiduc Charles lance en avant sa dernière réserve de grenadiers et nous accable des feux de sa puissante artillerie.

Nos régiments rétrogradent lentement, avec l'aplomb qui convient aux vieux soldats qui les composent, malgré les boulets autrichiens qui leur enlèvent des files entières ; ils se retirent comme des lions qu'il est dangereux de poursuivre. Les corps qui veulent les serrer de trop près essuient de rudes charges à la baïonnette et sont violemment repoussés. Dans cette marche rétrograde, le chevaleresque général Saint-Hilaire, ancien ami de Napoléon, tombe frappé à mort d'un biscaïen.

L'archiduc Charles essaye encore une tentative désespérée sur notre centre. La division Saint-Hilaire, qui désire venger la mort de son chef, les deux divisions Oudinot et la cavalerie se dévouent de nouveau au salut de l'armée. Nos troupes laissent arriver la masse épaisse du corps de Hohenzollern à demi-portée de fusil, puis exécutent un feu de mousqueterie et de mitraille, tiré de si près et avec tant de justesse, qu'on voit bientôt les lignes de l'ennemi s'éclaircir. Lannes, profitant de ces brèches, y lance nos cuirassiers ; le brave prince Jean de Lichtenstein se précipite à son tour sur eux avec sa cavalerie ; mais Lasalle et Marulaz viennent avec nos chasseurs et nos hussards au secours des cuirassiers, et ce vaste terrain ne présente bientôt plus qu'une immense confusion de quinze mille cavaliers français et autrichiens se chargeant les uns les autres avec fureur, unis quand ils

La jeune garde reprend le village d'Aspern.

s'élancent, désunis quand ils reviennent, et se ralliant sans cesse pour charger de nouveau.

Après cette longue mêlée, l'ennemi s'arrête comme paralysé en face de notre épaulement, qui s'étend d'Essling à Aspern. Notre artillerie, en partie démontée, reste sur le rebord du fossé, tirant avec justesse, mais avec lenteur, à cause de la rareté des munitions et exposée au feu de plus de deux cents pièces de canon. Nos fantassins s'abritent dans le fossé ; notre cavalerie, formant un rideau en arrière, essuie avec une impassibilité admirable et le sabre à l'épaule une canonnade incessante. Les boulets se succèdent rapidement dans les rangs, couvrant la terre de chevaux tués avec leurs cavaliers ; personne ne bouge. Il faut tenir jusqu'à la fin du jour, si on ne veut pas être précipité dans le Danube, qui continue de grossir.

En ce moment un affreux malheur vient frapper l'armée. Tandis que Lannes galope d'un corps à l'autre pour soutenir le courage de ses soldats, un officier, effrayé du péril qu'il court, le supplie de mettre pied à terre pour s'exposer moins aux coups de l'ennemi. Lannes, peu habitué cependant à ménager sa vie, suit ce conseil ; mais à peine est-il descendu de cheval, qu'un boulet l'atteint et lui fracasse les deux genoux. Le maréchal Bessières et le chef d'escadrons César de Laville le recueillent noyé dans son sang et presque évanoui. On l'étend sur un manteau de cuirassier et on le transporte pendant une demi-lieue à l'aide de branches d'arbres, de fusils et d'écouvillons croisés en guise de brancard, jusqu'au petit pont où se trouve une ambulance. Cette nouvelle, connue bientôt de nous tous, répand une tristesse profonde dans l'armée. Mais ce n'est pas le moment de pleurer, car le danger s'accroît à chaque instant.

Arrêté au centre, l'ennemi s'est rué avec une fureur d'autant plus violente sur nos ailes à Aspern et à Essling. Du côté d'Aspern les attaques des Autrichiens se succèdent sans cesse sur ce malheureux village, qui n'est plus qu'un amas de ruines et de cadavres. On n'y marche que sur des décombres, sur des poutres brûlantes ou sur des mourants.

Les tirailleurs de la jeune garde, malgré leur jeune ardeur, malgré les vieux officiers qui les commandent, sont eux-mêmes poussés en dehors du village. Aussitôt Masséna, qui, bien que brisé de fatigue, est resté constamment au milieu de ses soldats, lance à leur aide les débris de ses divisions. Legrand les entraîne et se montre partout, la pointe de son chapeau coupée par un boulet, et obligé souvent de recourir à son épée pour éloigner de sa poitrine les baïonnettes ennemies. Bientôt ce tas de ruines fumantes d'Aspern retombe entre nos mains. Repoussé à notre aile gauche, l'archiduc Jean se jette sur notre droite pour emporter Essling, et, marchant à la tête de ses grenadiers, qu'il conduit en personne, dirige une furieuse attaque sur le centre même du village.

Napoléon, afin de secourir Bessières, qui a remplacé Lannes sur ce point, lui envoie les fusiliers grenadiers et les fusiliers-chasseurs de la garde, troupe superbe, formée pendant les campagnes de Prusse, vers la fin de 1806, et près d'atteindre à cette perfection qui se rencontre entre l'extrême jeunesse et l'extrême vieillesse du soldat. C'est le général Mouton qui est chargé de commander ce corps d'élite. « Brave Mouton, lui dit l'empereur, faites encore un effort pour sauver l'armée ; mais finissez-en, car après ces fusiliers je n'ai plus que les grenadiers et les chasseurs de la vieille garde, dernière ressource qu'il ne faut dépenser que dans un désastre. »

Mouton part avec ces quatre bataillons de la garde, divisés en deux colonnes de deux bataillons chacune. Il est temps que ce secours arrive. Le général Boudet défend Essling depuis la veille ; cinq fois déjà les grenadiers hongrois, que conduit le feld-maréchal d'Aspre, sont revenus à l'attaque, et cinq fois ils ont été repoussés, tantôt par la fusillade, tantôt par des charges à la baïonnette. Néanmoins le village a fini par être envahi, et Boudet a été obligé de se retirer dans un grenier, vaste édifice crénelé comme une forteresse. Il s'y maintient avec une ténacité indomptable; mais, assailli de toutes parts, il va succomber, quand apparaissent les hauts plumets rouges des fusiliers de la garde. Ce sont les deux bataillons des fusiliers-grenadiers conduits par le colonel Friederichs, major-commandant. Cette belle jeunesse arrache aux grenadiers d'Aspre une partie du village, et arrête l'ennemi le long de l'espace qui s'étend jusqu'au Danube. Dans cette attaque, le caporal Pierson, du 1er bataillon des fusiliers-grenadiers, enlève un drapeau aux grenadiers hongrois dans le village même d'Essling, où il est entré le premier.

Mais ce premier renfort n'est pas suffisant, l'ennemi revient à la charge. Rapp accourt alors à sa rencontre avec les deux bataillons des fusiliers-chasseurs de la garde, que conduit le colonel Boyer, major-commandant de ce corps d'élite. Mouton et Rapp décident alors de faire une charge générale à la baïonnette. Tous deux se serrent la main, et fondent tête baissée sur les Autrichiens, qui ne peuvent supporter le choc, s'enfuient du village et sont mitraillés dans leur fuite par l'artillerie de l'île de Lobau. Il y a plus de trente heures que dure cette lutte acharnée et implacable. L'archiduc Charles, épuisé, désespérant de nous jeter dans le Danube, commençant, lui aussi, à manquer de munitions, prend enfin le parti de suspendre cette sanglante bataille, l'une des plus affreuses du siècle, et se décide à clore la journée en envoyant ce qui lui reste d'obus et de boulets sur les corps placés entre Aspern et Essling.

Aussi, tandis que dans Aspern les Autrichiens s'acharnent encore à disputer quelques débris de ce malheureux village, vers le centre et vers Essling, l'archiduc Charles fait discontinuer les attaques et se borne à porter son artillerie en avant, pour tirer à outrance sur nos lignes.

Notre artillerie, en partie démontée, s'arrête au bord du fossé, tirant d'intervalle en intervalle pour gagner la fin du jour. Nos troupes, infanterie et cavalerie, n'ont qu'une froide immobilité à opposer au feu redoutable des batteries ennemies. Devant le front formé par les grenadiers et les chasseurs à pied de la vieille garde, entre Essling et le Danube, l'ennemi établit sur ce seul point une ligne de cinquante bouches à feu.

La canonnade recommence. Le premier boulet vient frapper la cuisse du cheval de Napoléon ; tous les vieux grognards crient : « A bas les armes, si l'empereur ne se retire pas sur-le-champ ! » Le général Dorsenne, commandant les grenadiers, s'approche de lui : « Sire, lui dit-il, retirez-vous, ou je vous fais enlever par mes grenadiers. » Napoléon repasse alors le petit pont et se fait établir une échelle en cordes attachée au haut d'un sapin ; de là il voit tous les mouvements de l'ennemi et les nôtres. Un second boulet frappe le sergent-tambour du 1er grenadiers et le coupe en deux ; mais ce n'est que le prélude.

Les cinquante pièces de canon des Autrichiens tonnent sans relâche sur les grenadiers et les chasseurs, qui ne peuvent faire un pas en avant ni tirer un seul coup de fusil. Les grenadiers ont seulement quatre pièces devant eux et les chasseurs deux pour répondre aux cinquante bouches à feu de l'ennemi. Les boulets tombent dans les rangs de ces vieux soldats impassibles et enlèvent des files de trois hommes à la fois ; les obus font sauter les bonnets à poil à vingt pieds de haut. Sitôt une file emportée, on n'entend au milieu de la canonnade que ce cri des généraux Dorsenne et Soulès, des colonels Curial et Gros : « Appuyez à droite, serrez les rangs ! » Et ces braves grenadiers et chasseurs appuient.

Certain de la possession d'Essling, que les fusiliers de la garde occupent, Napoléon fait demander à Masséna s'il peut compter sur la possession d'Aspern ; car, tant que ces deux points d'appui nous resteront, la retraite de l'armée sera assurée. L'officier d'état-major envoyé à Masséna le trouve assis sur des décombres, harassé de fatigue, les yeux enflammés, mais toujours plein de la même énergie. Il lui transmet son message, et Masséna, se levant, lui répond avec un accent extraordinaire : « Allez dire à l'empereur que je tiendrai deux heures, six, vingt-quatre, s'il le faut, tant que cela sera nécessaire au salut de l'armée. »

A ce moment je suis envoyé avec mon escouade, afin d'escorter un convoi de blessés qui se retire à travers bois vers le petit bras du Danube. L'aspect de ses bords a de quoi navrer le cœur. De longues files de blessés, les uns se traînant comme ils peuvent, les autres placés sur les bras des soldats, ou déposés à terre en attendant qu'on les transporte dans l'île de Lobau, des cavaliers démontés jetant leurs cuirasses pour marcher plus aisément, une foule de chevaux blessés se portant instinctivement vers le fleuve pour se désaltérer dans ses eaux et s'embarrassant dans les cordages du pont, des centaines de voitures d'artillerie à moitié brisées, une indicible confusion et de douloureux gémissements : telle est la scène qui s'offre et qui nous saisit. Au même instant nous apercevons une litière portée par deux grenadiers, un tambour et un cuirassier, sur laquelle gît le maréchal Lannes, qu'on vient d'amputer.

Napoléon, qui est revenu de l'île de Lobau à la tête du pont, aperçoit également ce funèbre cortège. Sautant à bas de son cheval, il court à l'illustre blessé, le prend dans ses bras et lui dit avec une voix entrecoupée par les sanglots :

« Tu ne me reconnais pas, Lannes?... C'est moi..., Bonaparte..., ton ami... » L'illustre maréchal répond à ces marques d'affection : « Dans une heure, lui dit-il, vous aurez perdu celui qui meurt avec gloire, et qui fut votre meilleur ami et votre fidèle compagnon d'armes. Vivez, et sauvez l'armée. »

A neuf heures, les derniers coups de fusil se font entendre. L'empereur donne alors l'ordre que chaque soldat allume un petit feu, pour faire croire à l'ennemi que toute notre armée est passée et va demain recommencer la lutte. Quand nos feux sont bien allumés, nous recevons l'ordre de repasser dans l'île de Lobau sur le petit pont et d'abandonner nos feux.

Vers minuit, la retraite commence par la garde impériale, qui est la plus rapprochée du fleuve. Chaque corps doit emporter ses blessés, emmener ses canons et ses caissons. Après la garde vient la grosse cavalerie, et comme beaucoup de soldats ont jeté leurs cuirasses, Masséna les fait ramasser par les cavaliers démontés, ne voulant abandonner aucun trophée à l'ennemi. L'empereur, pendant ce temps, a traversé l'île de Lobau, et, montant avec Berthier et Savary dans une frêle embarcation que dirigent quelques intrépides marins de la garde, il parvient à traverser sain et sauf le grand bras et fait réunir tous les bateaux disponibles, les charge de vivres, de munitions, et les dirige vers l'île de Lobau. Notre cavalerie légère et les voltigeurs restent les derniers en avant d'Essling et d'Aspern, et échangent pendant la nuit avec les avant-postes ennemis une fusillade qui fait encore quelques victimes dans l'obscurité. Sous notre protection, les divisions des corps d'armée des maréchaux Masséna et Lannes traversent le Danube, emportant tous leurs blessés.

A la pointe du jour nous voyons les divisions Molitor et Boudet, qui sont restées les dernières, quitter Aspern et

Essling et s'enfoncer dans les bois qui couvrent le rentrant du fleuve, escortées par une nuée de tirailleurs. Nous commençons nous-mêmes à nous retirer peu à peu. L'ennemi, harassé, ne s'est pas aperçu du mouvement rétrograde de nos troupes. Cependant, vers six heures du matin, les Autrichiens, voyant nos postes avancés disparaître, conçoivent le soupçon de notre retraitre et songent à nous suivre. Arrivés à Essling, ils découvrent le petit pont sur lequel passent nos dernières colonnes. Ils dirigent aussitôt leurs boulets de ce côté, tandis que leurs tirailleurs, débouchant à travers le bois, nous décochent des balles.

Masséna, avec quelques officiers de son état-major, est resté sur la rive gauche, résolu à passer le dernier. Courant en tous sens, il s'assure par lui-même qu'on ne laisse pas un blessé, pas un canon à l'ennemi. Il fait ramasser encore tout ce qu'il peut de fusils, de cuirasses jetés le long du Danube, et comme çà et là des chevaux blessés et sans maître errent au bord de l'eau, il les fait chasser vers le fleuve pour les obliger à le traverser à la nage. Enfin, n'ayant plus aucun devoir à remplir sur cette rive devenue un sol ennemi, et où les balles des tirailleurs autrichiens pleuvent autour de lui, il s'embarque le dernier, aussi fier que lorsqu'il sortait de Gênes dans une simple embarcation, sous le feu de l'escadre anglaise. Il fait couper les amarres du pont, que le courant du fleuve reporte bientôt vers l'autre bord, et en quelques minutes il est dans l'île de Lobau, les Autrichiens se contentant d'assister à la retraite volontaire de leurs adversaires.

Ainsi se terminait cette bataille de deux jours, l'une des plus sanglantes du siècle, qui coûtait aux Autrichiens vingt-sept mille hommes tués ou blessés, et à notre armée quinze mille hommes hors de combat.

WAGRAM

(6 JUILLET 1809)

PAR UN CHASSEUR A CHEVAL DU 23e RÉGIMENT

A la suite de la sanglante bataille d'Essling, une trêve de deux mois et demi fut conclue entre les deux armées. Nous eûmes donc tout le temps de nous rétablir. Bientôt, avec l'arrivée des renforts, nous disposons d'une masse de cent quarante mille hommes et de cinq cent cinquante pièces de canon à mettre en ligne, forces qui jusqu'alors n'ont jamais été réunies sur un seul champ de bataille. Les Autrichiens, de leur côté, peuvent, il est vrai, nous opposer cent cinquante mille combattants.

Napoléon s'occupe, avant tout, de relier parfaitement l'île de Lobau à la rive droite par un vaste pont en pilotis, qui soit à l'abri des crues du fleuve; puis les travaux commencent dans cette île : cent mille hommes se mettent à faire des redoutes, des chemins couverts; on ne peut se former une idée de la terre remuée pendant ces deux mois et demi. Les Autrichiens en exécutent de bien plus considérables encore en face de nous.

Pendant toute cette trêve, personne de l'armée ni de la garde ne met les pieds dans Vienne, pas même l'empereur; mais chaque jour il part de son palais de Schœnbrunn à cheval, avec son escorte de chasseurs; il arrive dans l'île de Lobau, et, au moyen d'une échelle, monte dans un grand sapin qui lui sert d'observatoire; de là il voit tous les travaux de l'ennemi et surveille les siens. Il revient satisfait et joyeux de chaque excursion, se promenant longtemps à pied, les mains derrière le dos, avant de remonter à cheval, et parlant à tous ses vieux soldats. Il recomplète sa garde, et, comme il a fait venir des acteurs de Paris, il donne des représentations de gala à Schœnbrunn, auxquelles il invite tous les états-majors de l'armée.

Lorsque tout est prêt, l'empereur montre un échantillon de notre armée aux Viennois, dans une revue de cent mille hommes sur les hauteurs à gauche de la capitale. Là il mande notre colonel Piré et lui dit : « Je te ferai bientôt gagner tes épaulettes de général. » Notre régiment de chasseurs (23e de l'arme) attire tous les regards par sa belle tenue; les hommes portent l'habit-veste en drap vert, avec les revers, le col et les parements aux couleurs distinctives de chaque régiment; le gilet est blanc, le pantalon vert boutonné sur la couture, avec les bottes à la Souwarow. Les buffleteries sont blanches. Pour armement, le mousqueton, une paire de pistolets et le bancal recourbé à fourreau de cuivre. La compagnie d'élite porte le colback et les épaulettes rouges, tandis que les autres escadrons sont coiffés du shako et ont sur l'épaule la patte d'oie aux couleurs distinctives. La schabraque en peau de mouton est garnie d'une bordure dentelée aux mêmes couleurs. A cette époque l'arme des chasseurs à cheval comporte trente régiments.

Dans la nuit du 1er au 2 juillet, tous les travaux pour le prochain passage du Danube sont terminés. Tous les corps ont reçu la veille l'ordre du départ pour se rendre dans l'île de Lobau. Le bonheur veut que le prince Eugène arrive le même jour avec l'armée d'Italie, après sa victoire de Raab, cette *petite-fille* de Marengo, comme Napoléon l'a surnommée. Cette bataille a eu lieu, en effet, le 14 juin 1809, tandis que Friedland, *la fille,* s'est livrée le 14 juin 1807, date anniversaire de Marengo (14 juin 1800). Cette armée est saluée par une de ces admirables proclamations dont l'empereur a le secret, et qui commence ainsi :

« Soldats de l'armée d'Italie, vous avez glorieusement atteint le but que je vous avais marqué. Soyez les bienvenus. Je suis content de vous, etc... »

Napoléon a transporté son quartier général dans l'île de Lobau même, aussitôt qu'il a jugé que le moment d'agir est venu. Sa présence redouble la confiance et l'ardeur de tous. Les Autrichiens, croyant que l'empereur suivra le même plan qu'à sa première tentative, ont protégé les villages d'Aspern et d'Essling par des retranchements formidables.

Le 3 juillet, notre armée continue à se masser dans l'île de Lobau. L'archiduc, apercevant ces nombreuses agglomérations d'hommes à travers les bois épais qui couvrent cette île, fait tirer dans cette direction ses canons à toute volée, espérant que les boulets y occasionneront de nombreuses victimes; mais il ne dispose que de pièces de campagne, aussi ses projectiles atteignent seulement quelques hommes du corps de Masséna, le plus rapproché de la rive gauche.

Le 4, à la chute du jour, Masséna, Davout, Oudinot, couverts par un rideau de bois, s'approchent avec leurs troupes de la droite de l'île, et attendent le signal du passage, qui doit être tenté sur trois points à la fois, et bien en arrière des retranchements d'Aspern et d'Essling, de façon à rendre tous ces ouvrages inutiles. La face de l'île de Lobau qui regarde la rive gauche, ainsi que les petites îles décorées des noms de *Masséna, Lannes, Alexandre,* sont hérissées de batteries et de redoutes prêtes à couvrir la plaine du Marchfeld de tant de mitraille, que les Autrichiens soient dans l'impossibilité d'y tenir.

Tous les préparatifs étant prêts, les voltigeurs de chaque corps d'armée s'embarquent à bord de grands radeaux qui peuvent contenir chacun deux cents hommes, et attendent le signal du départ.

La nuit est profonde ; le ciel, chargé d'épais nuages, annonce un violent orage d'été, ce qui ne peut que favoriser notre entreprise. Le tonnerre gronde au loin, et de rapides éclairs bleuâtres illuminent à chaque instant les hauteurs de Wagram, où se tient l'armée de l'archiduc Charles. Ce général nous a attendus les jours précédents dans la plaine du Marchfeld ; mais, ne nous voyant pas paraître, il s'est imaginé que notre passage ne sera pas immédiat, et répugnant à tenir dans cette plaine, par une chaleur étouffante, son armée exposée à toutes les privations, il l'a ramenée sur les hauteurs où elle est habituée à camper. Quelques grand'gardes occupent seulement le Marchfeld et la rive gauche ; à travers l'obscurité on voit briller leurs feux de bivouac.

A minuit sonné, on lâche les radeaux ; l'orage commence à se déchaîner ; de larges gouttes de pluie viennent de temps à autre étoiler la surface du fleuve. Nos radeaux arrivent, mais s'ensablent à quelque distance de la rive gauche. Les voltigeurs se jettent aussitôt dans l'eau avec la plus grande résolution, les uns pour se disperser en tirailleurs, les autres pour tirer les radeaux à terre. Aucun cri, aucun coup de feu n'a signalé notre débarquement. Les sentinelles autrichiennes, voyant arriver la pluie, se sont repliées pour se mettre dans leurs abris, où nos voltigeurs les surprennent, les font prisonniers sans résistance, et les empêchent ainsi de donner l'alarme pour signaler notre mouvement à l'ennemi, qui ne s'aperçoit de rien.

A cet instant un pont d'une seule pièce, dirigé par le

L'action commence : « Vive l'empereur ! »

commandant Dessalles, sort du canal de l'île Alexandre, et, entraîné par le courant, va s'appliquer à la rive ennemie. Avant même qu'il soit fixé, les premières troupes d'Oudinot se jettent dessus et le traversent au pas de charge, suivies du reste du corps d'armée du duc de Rivoli. Quinze minutes à peine suffisent à toute cette belle opération. En même temps le second pont de radeaux et le pont de pontons sortent successivement de l'île Alexandre, mais en pièces détachées, et sont disposés au-dessus du pont d'une seule pièce, à cent toises les uns des autres.

L'éveil a été enfin donné à l'ennemi ; la fusillade commence à éclater dans la nuit, il faut se hâter. Les ponts doivent être achevés en quelques heures; Napoléon en a donné l'ordre formel. Aussi deux mille sapeurs et pontonniers travaillent-ils avec une ardeur fébrile à terminer leur travail, sous la grêle de balles qui fouettent l'eau autour d'eux. Les rampes sont rapidement établies; les arbres qui pourraient gêner le passage de l'artillerie tombent sous la hache et la scie. Enfin tout est terminé. Le corps d'armée de Masséna et toute notre cavalerie s'élancent à leur tour. Voyant son projet démasqué, Napoléon donne l'ordre à l'artillerie des redoutes de tirer à outrance, pour démolir d'abord la petite ville d'Enzersdorf, de manière qu'elle ne puisse servir de point d'appui à l'ennemi, et ensuite pour couvrir au-dessous la plaine de tant de mitraille, que les troupes autrichiennes soient dans l'impossibilité d'y tenir.

Tout à coup éclate une affreuse canonnade : cent neuf bouches à feu du plus gros calibre remplissent l'air de leurs détonations. Bientôt le ciel lui-même joint son tonnerre à celui de Napoléon; l'orage qui charge l'atmosphère fond en torrents de pluie et de grêle sur la tête des deux armées. La foudre sillonne les airs, confondant ses éclats avec ceux de l'artillerie, qu'elle ne peut couvrir, et quand elle a cessé de briller sur le fond obscur du ciel noir d'orage, des milliers de bombes et d'obus sillonnent l'espace, se précipitant sur la malheureuse ville d'Enzersdorf.

Vienne, éveillée par ces sinistres bruits, apprend enfin que son sort se décide, et que la pensée de Napoléon, si longtemps menaçante, est près de s'accomplir. Le corps d'armée de Davout passe à son tour au pas de charge et s'avance dans le Marchfeld, qui, sous les feux de notre artillerie à grande portée, est devenu inhabitable pour les troupes autrichiennes.

Notre division de cavalerie défile ensuite, tenant ses chevaux par la bride.

Quand le jour vient éclairer les bords du fleuve, vers quatre heures du matin, un spectacle des plus imposants se présente aux yeux surpris des deux armées. L'orage est dissipé. Le soleil, se levant radieux, fait reluire des milliers de baïonnettes et de casques. Nous sommes à trois lieues au-dessous des travaux de l'ennemi, à Aspern et à Essling. A droite, nous voyons les plumets et les épaulettes rouges du corps des grenadiers d'Oudinot monter rapidement dans la plaine, tandis que son arrière-garde foudroie le château de Sachsengang. A gauche, Masséna s'appuie à la ville d'Enzersdorf, qui brûle toujours. Au centre, Davout. Une partie de la cavalerie et de l'artillerie ont défilé, le reste se presse sur les ponts de radeaux. Dans le lointain, sur le bord de l'île de Lobau, on aperçoit les hauts bonnets à poil de la garde, qui se dispose à passer à son tour. En arrière, les habits bleus de ciel et les hauts casques à chenille des Bavarois et des Saxons de Bernadotte. L'armée d'Italie s'apprête également au passage.

A dix heures du matin, soixante-dix mille hommes, capables à eux seuls de tenir tête à toutes les forces autrichiennes, sont déjà passés dans la plaine du Marchfeld.

A midi, toute notre armée est en ligne avec cinq cents pièces de canon en batterie, et fait face à Vienne, tandis que les Autrichiens tournent le dos à leur capitale. Nos troupes marchent avec un entrain merveilleux et irrésistible. Les soldats, à qui on a défendu d'allumer des feux pendant la nuit, pour ne pas offrir un but aux projectiles de l'ennemi, et qui sont tous mouillés par la pluie, se réchauffent aux premiers rayons du soleil de juillet. Quelques-uns sortent des rangs pour embrasser des parents, des amis, qu'ils n'ont pas vus depuis des années; car des corps, venus les uns du fond de la Dalmatie, les autres des confins de la Pologne et de l'Espagne, se rencontrent sur ce nouveau champ de bataille, après s'être séparés à Austerlitz, à Iéna ou à Friedland, pour se rendre aux extrémités opposées de l'Europe.

La joie de nos soldats éclate de toutes parts. Ils sont enchantés de voir le Danube vaincu. Apercevant Napoléon, qui court à cheval sur le front des lignes, ils mettent leurs colbacks, leurs bonnets à poil, leurs shakos, au bout de leurs sabres ou de leurs baïonnettes, et le saluent des cris de « Vive l'empereur! » qui roulent comme des coups de tonnerre.

Sur l'ordre de Napoléon, on attaque aussitôt Enzersdorf. Masséna lance sur cette malheureuse petite ville, que défend un bataillon autrichien, le 46e de ligne. En tête marchent ses aides de camp Sainte-Croix et Pelet. Malgré les coups de fusil qu'on leur tire des créneaux, ces deux braves jeunes gens arrivent à une des portes d'Enzersdorf, la font enfoncer à coups de hache par quelques sapeurs, entrent à la baïonnette dans les rues en flammes, et prennent du bataillon ennemi tout ce qui n'est pas tué. Les Autrichiens qui essayent de sortir sont tous sabrés par notre division de cavalerie.

L'archiduc Charles, se voyant tourné, a cru d'abord n'avoir affaire qu'à une partie de l'armée française et ne s'est pas effrayé. Son frère, l'empereur François-Joseph, manifestant des inquiétudes, l'archiduc lui répond qu'il a laissé passer les Français pour les jeter dans le fleuve. « C'est bien, réplique l'empereur avec finesse, mais n'en laissez pas passer un trop grand nombre. » Quand l'archiduc s'aperçoit de son erreur, il est trop tard ; ses troupes doivent évacuer en toute hâte les formidables retranchements d'Aspern et d'Essling, qui vont être pris à revers, et se replient sur les hauteurs, présentant une ligne de trois lieues de Wagram à droite à la tour carrée du village de Neusiedel à gauche, le centre passant par Aderklaa. Le front est protégé par un ruisseau bourbeux, celui du Russbach.

Napoléon lance l'artillerie de la garde pour dégager Masséna.

Notre armée se développe dans la plaine, formant une longue ligne de trois lieues, parallèle à celle des Autrichiens, et s'avance dans un ordre superbe, ébranlant l'air de ses fanfares, Davout à droite, Masséna à gauche, Bernadotte et la réserve au centre. En arrière, la garde et les cuirassiers. Sur les ailes, le gros de la cavalerie : dragons, chasseurs et hussards. Sur le front des troupes, l'artillerie, qui tire tout en marchant. On marche ainsi au pas de charge, culbutant à la baïonnette ou sabrant les arrière-gardes ennemies quand on peut les atteindre ou quand elles restent à notre portée, leur enlevant ainsi plusieurs milliers de prisonniers.

Le 5 juillet au soir, nous bombardons dans toute son étendue la ligne des hauteurs de Wagram. A la tombée de la nuit, une vive fusillade éclate au centre et colore de lueurs rougeâtres cette partie de la pénombre : ce sont les Saxons de Bernadotte qui essayent d'emporter le village fortifié de Wagram. Repoussés par une violente fusillade, nos nouveaux alliés sont culbutés dans le Russbach, où plusieurs sont étouffés par la boue, et se dispersent dans l'obscurité, en proie à une véritable panique. Bientôt les bruits de la fusillade, les cris des combattants s'apaisent et s'éteignent. Cette échauffourée est promptement réparée.

A quatre heures du matin, le 6 juillet, journée à jamais mémorable, le feu commence d'abord à la droite des Autrichiens, d'Aderklaa au Danube, et à la droite des Français.

L'archiduc Charles, prenant une résolution hardie et même téméraire, essaye de tourner notre gauche afin de la couper du Danube. Mais de ce côté est Masséna, et il ne faut pas espérer de lui passer aisément sur le corps. L'intrépide maréchal, tout meurtri d'une chute de cheval récente, est forcé, comme Maurice de Saxe à Fontenoy, de diriger ses troupes couché dans une calèche découverte qui sert de point de mire à l'artillerie ennemie, et autour de laquelle pleuvent les boulets. Bientôt l'action devient générale sur ce front immense de trois lieues, le long duquel trois cent mille hommes et onze cents pièces de canon sont en présence. Les dix-huit mille hommes du duc de Rivoli luttent longtemps contre l'aile droite autrichienne, forte de soixante mille hommes; mais enfin, écrasés sous le nombre, ils sont forcés de se replier. L'archiduc Charles appelle alors à lui les grenadiers d'Aspre, les enflamme de sa voix et se met à leur tête pour donner le coup de grâce à notre malheureuse aile gauche.

Napoléon arrive au galop, monté sur un cheval persan d'une éclatante blancheur, et, s'avançant au delà des troupes de notre aile gauche, parcourt sous une grêle de boulets ce terrain, abandonné par Masséna. La canonnade en ce moment a acquis la fréquence de la fusillade. Chacun tremble pour les jours de l'empereur; tous s'empressent autour de lui pour le couvrir de leur corps; mais lui, sans se préoccuper du danger, sans prêter la moindre attention aux nombreux boulets qui viennent ricocher jusque dans les jambes de son cheval, il prend rapidement ses dispositions pour enfoncer le centre ennemi et couper en deux l'armée autrichienne.

Avant tout il veut l'écraser sous les feux de son artillerie, et demande à haute voix Drouot et l'artillerie de la garde. Drouot arrive. « Dix mille boulets, lui dit-il, et écrasez les masses autrichiennes qui sont devant vous. » Puis Napoléon court se placer au milieu du danger. Enfin arrivent au galop, et en faisant trembler la terre, les soixante bouches à feu de la garde; en tête le major d'Aboville, superbe dans son uniforme bleu et or. Les pièces, entraînées par leurs attelages, que les conducteurs d'artillerie, à uniforme bleu de ciel et coiffés du shako, fouettent à tour de bras, sautent par-dessus les sillons de la plaine. Les servants galopent autour, la pelisse bleue à tresses rouges et la sabretache portant l'aigle couronné sur deux canons croisés, frappant la croupe du cheval. Derrière cette artillerie viennent quarante bouches à feu françaises et bavaroises.

L'illustre Drouot, sur une indication de l'empereur, se pose en jalon, et les cent canons qu'il dirige viennent s'aligner sur son épée. En un instant commence la plus affreuse canonnade qui ait signalé nos longues guerres. Devant nous a pris position une double ligne de grenadiers hongrois, en veste blanche à revers bleus de ciel, le pantalon bleu à tresses jaunes et noires, le large bonnet à poil orné d'une branche de chêne. En arrière des cuirassiers, coiffés du casque romain à cimier, sans chenille ni crinière, la demi-cuirasse bronzée sur l'habit blanc. Les cent bouches à feu de Drouot tirent sans relâche sur cette double ligne, la criblent de boulets et démontent bientôt l'artillerie ennemie. A chaque instant nous voyons les lignes blanches et bleues de grenadiers se creuser sous nos décharges. Des cuirassiers s'aplatissent avec leurs chevaux, en faisant entendre un fracas sinistre.

Napoléon regarde à la lunette les effets de cette batterie formidable, et s'adressant à un de ses aides de camp : « Lauriston, lui dit-il, allez dire à Drouot que je suis content de lui, et que ses artilleurs sont des braves. »

Afin de se débarrasser de cette terrible batterie, l'archiduc Charles concentre sur elle le feu de ses nombreuses bouches à feu. Nos braves canonniers de la garde restent impassibles autour de leurs pièces, dont les roues s'enfoncent dans une boue sanglante, mais sont cruellement décimés. On vient dire à l'empereur qu'il faut remplacer la grande batterie de sa garde, que les artilleurs sont massacrés. « Comment! s'écrie-t-il, si je faisais relever l'artillerie de ma garde, l'ennemi s'en apercevrait et redoublerait d'efforts pour percer mon centre. De suite des grenadiers de bonne volonté pour servir les pièces ! »

Vingt hommes par compagnie de la vieille garde partent

Bataille de Wagram (6 juillet 1809). D'après le tableau d'Horace Vernet.

aussitôt; on est obligé de faire le compte, tous veulent y aller. On ne veut pas de sous-officiers, rien que des grenadiers et des caporaux. Les voilà partis au pas de course pour servir la batterie de soixante pièces; sitôt arrivés à leur poste, les coups de canon, qui s'étaient ralentis, se mettent à ronfler de plus belle.

Mais il ne suffit pas de l'artillerie pour briser le centre de l'armée autrichienne, il faut des baïonnettes. Napoléon demande, avec un redoublement d'impatience, celles de l'armée d'Italie, qui accourt au pas accéléré.

L'intrépide Macdonald, l'ancien combattant de Jemmapes et de la Trebbia, récemment tiré de la disgrâce où il a été plongé pour s'être montré ami de Moreau, marche à la tête de son corps, étonnant ceux qui ne le connaissent pas encore par son costume d'ancien général de la république, et s'apprêtant à les étonner bien davantage par sa manière de se comporter au feu. Il est appuyé par les vingt-quatre escadrons des cuirassiers Nansouty, les fusiliers, les tirailleurs et la cavalerie de la garde.

Nous assistons alors à un magnifique spectacle. Macdonald, dépassant bientôt la ligne de notre artillerie pour joindre les Autrichiens, s'avance sous une pluie de feu, laissant à chaque pas le terrain couvert de ses morts et de ses blessés, serrant, sans s'ébranler, ses rangées d'habits bleus à revers blancs, et communiquant à ses soldats la fière attitude qu'il conserve lui-même. « Quel brave homme ! » s'écrie plusieurs fois Napoléon en le voyant marcher ainsi sous la mitraille et les boulets.

Tout à coup une masse de cavalerie ennemie s'ébranle et se précipite sur les troupes de Macdonald en faisant retentir le sol sous le galop de ses lourds chevaux. Au commandement, nos soldats s'arrêtent et accueillent ces cuirassiers par de si furieuses décharges, que ceux-ci sont forcés de rétrograder sur leur infanterie, que leur fuite jette dans un véritable désordre.

Macdonald appelle alors à lui les cuirassiers Nansouty, qui enfoncent plusieurs carrés. Mais ce n'est pas assez, il lui faut l'appui de la cavalerie de la garde; malheureusement son chef ne doit recevoir d'ordre que de Bessières. Ce maréchal a eu son cheval emporté par un boulet et a été fortement contusionné à la cuisse, ce qui l'a obligé à quitter le champ de bataille; aussi en l'absence d'ordre cette cavalerie ne peut être engagée. A cette vue, Napoléon jette les divisions Lasalle et Marulaz sur le centre autrichien. Chasseurs et hussards nous partons au galop, debout sur nos étriers, et défilons devant l'empereur en brandissant nos sabres et poussant les cris de : *Vive l'empereur!* qui montent jusqu'au ciel.

Napoléon dit à chaque colonel de nos divisions qui passe devant lui : « Allons, de la vigueur, et, quand il sera temps, chargez à fond. » A notre approche l'infanterie autrichienne, qui se retirait, s'arrête, fait volte-face, se forme en carrés et veut tenir tête.

Lasalle se tourne vers nous : « En avant les chasseurs! » s'écrie-t-il en faisant cabrer son cheval sur les baïonnettes du premier carré ennemi; au même instant une balle le frappe au front et le renverse sans vie. Tous nous adorions Lasalle, qui, bien qu'issu d'une famille noble et officier avant la révolution, a déposé ses épaulettes pour s'enrôler comme simple soldat en 1792. Le voir étendu dans la poussière sanglante, inanimé, la rage nous monte au cœur : nous nous jetons à corps perdu sur les carrés, qui sont enfoncés en un clin d'œil, et sabrons avec fureur les malheureux habits blancs, qui nous crient en vain : *Quartier! quartier!* en jetant leurs fusils.

Nous n'écoutons rien, et massacrons tout ce qui se trouve devant nous. Notre brave général fut bien vengé ce jour-là. Notre colonel Piré, en chargeant à la tête de notre 23e chasseurs à cheval, enlève un drapeau; le 8e hussards s'empare aussi d'un autre étendard; le colonel Gautherin, du 9e hus-

La cavalerie légère charge les carrés hongrois.

sards, culbute avec ses escadrons deux carrés d'infanterie, et fait seize cents prisonniers.

En même temps, Davout et Oudinot à droite enlèvent les hauteurs de Neusiedel et de Wagram. L'élan devient alors général. L'empereur n'hésite pas à faire partir les cuirassiers de Montbrun et de Nansouty en une seule colonne, pour achever la victoire. Cette masse s'ébranle, passe devant nous; la terre tremble sous ses pieds; notre division et celle de Marulaz, qui se sont ralliées après leurs premières charges, la suivent, ainsi que la cavalerie de la garde.

Toute cette cavalerie traverse au galop de charge le Russbach, où de nombreux chevaux et cavaliers roulent dans le lit encaissé et vaseux.

Les cuirassiers, suivis par nos deux divisions de cavalerie légère, arrivent sur les baraquements ennemis, établis autour de la grosse tour carrée de Neusiedel. Le sol tremble sous le poids de leurs lourds chevaux : « En avant! » crient les généraux Montbrun et Nansouty. Ce commandement est répété sur toute la ligne, et quatre mille cuirassiers, lancés à fond de train, arrivent comme la foudre sur les Autrichiens. Mais cette charge, exécutée sur un terrain montant, désunit les escadrons, qui perdent leur ensemble. Un assez grand nombre de cuirassiers culbutent dans les trous creusés en avant des baraques pour les cuisines des troupes autrichiennes; d'autres viennent s'abattre contre les baraques.

Notre cavalerie légère arrive à la rescousse; nos chevaux, plus agiles, sautent par-dessus les obstacles. Nous voilà dans le camp, au milieu des fantassins, coiffés de shakos plats sur la nuque, avec une espèce de haute plaque devant, où se voit l'aigle à deux têtes des Kreutzers.

Les Autrichiens, protégés par leurs baraques, se défendent avec ténacité; enfin nous les chassons et nous nous emparons d'une batterie dont les artilleurs ont pu se sauver avec les attelages.

Pendant ce temps, la cavalerie de la garde, qui a chargé sur notre gauche, n'a trouvé aucun obstacle devant elle et est arrivée avec un ensemble admirable sur l'infanterie ennemie. Les chasseurs à cheval, aux colbacks à longs poils que le vent fait ondoyer comme les épis d'un champ de blé, enfoncent successivement trois carrés et s'emparent de quatre pièces de canon. Deux de leurs officiers supérieurs, les majors Corbineau et Daumesnil, sont dangereusement blessés. Les lanciers polonais, avec leurs élégants schapskas aux flammes panachées, chargent les uhlans autrichiens, font prisonnier leur chef le prince d'Auersberg et enlèvent deux bouches à feu. Les grenadiers à cheval, à la tenue si sévère; les mameluks, au turban de mousseline blanche surmonté d'un croissant d'or, et les dragons de l'impératrice, à l'habit vert aux revers blancs, sèment partout l'épouvante et la terreur.

Sur toute la ligne l'armée autrichienne est refoulée et bat en retraite. Il est quatre heures du soir.

Cette grande bataille de Wagram s'est livrée en vue de Vienne, dont tous les édifices étaient couronnés par de nombreux spectateurs. Les Autrichiens ont perdu vingt-quatre mille hommes tués ou blessés, parmi lesquels douze généraux, et douze mille prisonniers. Nous avons pris dix drapeaux et une vingtaine de canons. De notre côté, les pertes s'élèvent à une quinzaine de mille hommes, dont sept mille ne doivent plus se relever. Le soir de la bataille, la garde est formée en carré, et l'empereur couche au milieu.

Cette victoire de Wagram fut si complète, que les débris de l'armée autrichienne ne purent pas opérer leur retraite par la même route. Les combats d'Hollabrünn et de Schongraben achevèrent la campagne et obligèrent l'archiduc Charles à demander un armistice, que Napoléon eut la générosité d'accorder le 11 juillet à Znaïm. Quelque temps après, le traité de Vienne fut signé, le 14 octobre de la même année.

LIGNY

(16 JUIN 1815)

PAR UN VOLTIGEUR DE LA DIVISION LEFOL

La nouvelle du retour de Napoléon revenant de l'île d'Elbe frappa d'un véritable coup de foudre, dans les premiers jours de mars 1815, les souverains alliés, réunis alors en congrès à Vienne pour se partager les peuples.

Dans un transport de rage folle mêlée de terreur, ils déclarent aussitôt que Napoléon « s'est placé hors des relations civiles et sociales, et que, comme ennemi et perturbateur du repos du monde, il est livré à la vindicte publique ». Ainsi on met l'empereur hors la loi, et non seulement l'empereur, mais la France. « Marchons, disent-ils, pour partager cette terre impie. Il faut exterminer cette bande de brigands qu'on appelle l'armée française. Le monde ne peut rester en repos tant qu'il restera un peuple français. Qu'on le change en peuple de Bourgogne, de Neustrie, d'Aquitaine, etc.; ils se déchireront entre eux, mais le monde sera tranquille pour des siècles. » Et Blücher promet aux étudiants prussiens de faire pendre Napoléon.

L'Autriche dirige vers le Rhin et les Alpes trois cent mille Allemands; cent soixante-dix mille Russes doivent arriver à Nuremberg vers la mi-juin, à Mayence le 1er juillet. Déjà se trouvent en Belgique quatre-vingt-quinze mille Anglo-Hollandais sous Wellington, général méthodique, à qui les grandes inspirations manquent, mais qui ne livre rien au hasard, et cent vingt-quatre mille Prussiens commandés par Blücher, que ses soldats appellent le maréchal En-Avant. Il a dû pourtant les mener bien des fois en arrière, à Iéna, Awerstaëdt, Prentzlow, Lubeck, Lutzen, Bautzen, Dresde, Vauchamps, etc. On attend l'arrivée des Russes en ligne pour commencer les opérations.

Napoléon se décide à prévenir l'ennemi, l'offensive lui paraissant plus conforme au génie de notre nation. Toutes ses dispositions prises, il part de Paris, le 12 juin, pour aller à Soissons rejoindre le quartier général, qui l'y attend. Il visite cette place, passe en revue la garnison, et va coucher le même soir à Laon. Le 13 il arrive à Avesnes. Toutes les troupes destinées à faire la campagne achèvent alors de se concentrer en avant de cette dernière place, sur la partie de l'extrême frontière comprise entre Maubeuge et Philippeville.

Tous ces mouvements, ordonnés en secret et exécutés sans bruit, ont été masqués par des détachements de garnisons de places fortes et par des bataillons d'élite de gardes nationales. La division Lefol, du corps du général Vandamme, dont je fais partie, va coucher le 12 juin à Vivier, le 13 à Cul-de-Sard.

Enfin, le 14 juin au matin, la concentration de toutes ces forces est terminée, et l'armée campe dans les directions de Philippeville, Beaumont et Maubeuge. Les camps sont établis derrière des monticules et des bois, à une lieue de la frontière, de manière que leurs feux ne soient pas aperçus de l'ennemi, qui, en effet, n'en a pas la moindre connaissance.

Le quartier général est placé au centre, à Beaumont. Le soir, les appels constatent que le nombre des soldats présents sous les armes est de cent quinze mille cinq cents hommes. L'artillerie compte trois cent cinquante bouches à feu. La moitié de cette armée n'a jamais vu le feu; le reste n'a guère fait son apprentissage qu'en 1813 et en 1814. La garde impériale elle-même, sur les dix-huit mille cinq cents hommes qui la composent, compte quatre à cinq mille conscrits; là seulement se trouvent un certain nombre de vieux soldats. Cette armée a été divisée en trois corps : Ney commande la gauche, Grouchy la droite ; enfin l'empereur s'est réservé la direction du centre.

Ce même 14 juin, au matin, le général Lefol arrive devant notre régiment, un papier à la main, ordonne le roulement et nous crie : « Formez le cercle! » Un grand silence se fait. Tout le monde écoute ce que le général va nous dire : « Proclamation de l'empereur! » ajoute-t-il, et il nous lit l'admirable proclamation datée d'Avesnes, et qui finissait par cette phrase : « Soldats, pour tout Français qui a du cœur, le moment est arrivé de vaincre ou de périr! » A ces mots, tout le régiment frémit et éclate en cris frénétiques de : « Vive l'empereur! En avant! » On dirait que Napoléon nous a soufflé son esprit des batailles; nous ne demandons plus qu'à tout massacrer.

Dans la soirée du 14, l'empereur règle l'ordre des mouvements pour le lendemain 15 juin. Fait unique peut-être dans l'histoire de la guerre! Napoléon a réuni une armée de cent quinze mille hommes sur une frontière ouverte, en face de deux armées ennemies; lui-même vient de quitter la capitale de l'empire et de se mettre à la tête des troupes, sans que nulle part, même à une lieue de nos lignes, on soupçonne les mouvements opérés depuis deux jours par nos soldats et par leur chef.

Toutes les nouvelles arrivées au quartier général, dans la journée du 14, annoncent que les troupes prussiennes ne font aucun mouvement. Dans la nuit du 14 au 15, des affidés, venus des différents points de la Belgique, confirment la profonde sécurité où est l'ennemi ; la tranquillité la plus absolue règne à Bruxelles, à Namur et à Charleroi. Le but de Napoléon est de frapper un grand coup au centre de la ligne des alliés et de la couper. Le maréchal Ney doit marcher sur la position des Quatre-Bras, point où se réunissent les différentes chaussées qui conduisent à Bruxelles, afin de contenir les Anglais et de les empêcher de porter secours aux Prussiens, que l'empereur, avec le reste de ses forces, doit attaquer.

La nuit du 14 au 15 juin est magnifique ; le temps est si chaud, qu'on entend les cigales chanter longtemps encore après le coucher du soleil ; pas un souffle dans l'air ; les épis restent droits. Au point du jour, quelques instants après la diane, une estafette de hussards arrive à bride abattue, et s'arrête à la porte de la cabane où le général Lefol a passé la nuit. « Le général ! le général ! » demande-t-il d'une voix haletante. Celui-ci sort aussitôt, enveloppé dans son grand manteau, la pointe du bonnet de police galonné d'or tombant sur l'épaule : « Qu'est-ce ? Qu'y a-t-il ? — Pour vous, mon général, » répond le hussard, et tirant de sa grande sabretache de cuir une lettre, il la lui remet, fait le salut militaire, et s'éloigne à fond de train dans la direction de la division Berthezène.

Le général ouvre sa lettre, la parcourt du regard, puis devient tout à coup pâle comme un mort. « Les officiers !

sonnez aux officiers ! » commande-t-il à son trompette d'ordonnance ; tous arrivent et entourent leur chef, qui leur parle vivement. Presque aussitôt il se fait un grand mouvement dans le cercle. Tout paraît en révolution : on crie, on gesticule.

Tout à coup les tambours se mettent à rouler et battent l'assemblée, les bataillons se forment rapidement sous les armes, prêts à partir. Notre vieux commandant lève son épée pour ordonner le silence ; ses moustaches grises frissonnent, ses yeux lancent des regards terribles. « Mes enfants, nous dit-il d'une voix étranglée par l'émotion, nous sommes trahis. Cette nuit Bourmont, le général de division de l'avant-garde du 4e corps, les commandants Clouet, Villoutreys, les capitaines d'Andigné, de Trelon et Sourdat, viennent de passer à l'ennemi ; rappelez-vous les noms de ces misérables, qui ont forfait à l'honneur militaire et trahi leur drapeau ! En avant ! Vive l'empereur ! et pas de quartier ! »

Un transport de rage secoue tout notre bataillon comme un seul homme ; la fureur et l'indignation sont peintes sur tous les visages. « En avant !... A l'ennemi !... Pas de quartier !... » crions-nous en brandissant nos armes. On part au pas de charge : les cris redoublent. Le général Vandamme, commandant le corps d'armée, se porte au galop sur le front du régiment, et par quelques paroles énergiques et indignées parvient à nous calmer un peu.

Nous marchons au plus vite, car il s'agit d'arriver à toute vitesse sur les Prussiens, que le misérable Bourmont a déjà sans doute avertis. On peut dire sans exagération que tous les malheurs de cette campagne de quatre jours se rattachent à ce crime, et la voix publique ne s'est pas égarée en unissant dans un lien fatal ces deux noms : *Bourmont* et *Waterloo*.

Soudain, vers dix heures, nous entendons en avant de nous le canon gronder dans la direction de la Sambre, sur laquelle nous marchons divisés en trois colonnes, ayant pour objectifs les ponts de Marchiennes, de Charleroi et du Chatelet.

La campagne est commencée.

La canonnade augmente de force ; on redouble le pas. Enfin, vers une heure et demie de l'après-midi, nous arrivons en vue de Charleroi, et traversons le grand pont sur la Sambre, dont nos chasseurs à cheval se sont emparés quelques heures auparavant.

Au delà de la ville, et le long de la côte escarpée qui conduit de Charleroi à Fleurus, les lignes de feux de notre infanterie se dessinent en zigzags, tandis que la cavalerie de Pajol charge à corps perdu sur la grande route, en faisant résonner au loin les pierres de la chaussée, qui est pavée comme toutes celles de la Belgique. Chaque fois que les Prussiens veulent s'arrêter, nos soldats, s'élançant sur eux avec une audace et une impétuosité sans égale, les culbutent à la baïonnette. Enfin nous couronnons les hauteurs, tandis que es troupes de Ziethen se réunissent, à une demi-lieue en avant, au village de Gilly. Notre division se porte vivement sur le terrain de l'action. Les soldats, en proie à une grande exaltation, désirent ardemment une bataille décisive, qui ne peut se faire attendre.

Vers cinq heures nous arrivons en face de Gilly, au moment où l'arrière-garde de Ziethen, forte d'une dizaine de mille hommes, commence à se mettre en retraite, protégée par plusieurs carrés d'infanterie et par le feu de deux batteries d'artillerie.

Napoléon survient à ce moment, et examine l'ennemi avec

une petite lorgnette. Irrité du temps perdu, mécontent de voir l'ennemi lui échapper, l'empereur se tourne vers un de ses aides de camp, et, lui montrant de la main les quatre escadrons, dits *escadrons de service,* qui forment son escorte habituelle, il lui crie : « Letort, prenez mes escadrons, chargez et enfoncez tout cela ! » Letort et les quatre escadrons partent aussitôt, et traversent Gilly d'un tel galop, que les fers des chevaux font voler des myriades d'étincelles des pavés de la chaussée. Nos intrépides cavaliers arrivent sur les carrés, les disloquent et les sabrent à outrance sans faire de prisonniers. Les Prussiens, culbutés sur leur première ligne, fuient, mais en vendant chèrement leur défaite : le général Letort vient d'être mortellement blessé d'une balle dans le ventre, et passe devant nous, les vêtements en désordre et ensanglantés, portés par quatre vieux sapeurs des dragons de l'impératrice.

Il est six heures du soir ; Napoléon, impatient de s'assurer si tous les corps de l'armée ont franchi la Sambre, revient à Charleroi. La fusillade, les coups de canon et les feux de pelotons roulent toujours ; les Prussiens finissent par disparaître dans la forêt de Fleurus, laissant entre nos mains cinq pièces de canon, et sur le terrain plus de deux mille tués ou blessés. Nos pertes s'élèvent à peine à une centaine d'hommes hors de combat. Entre sept et huit heures la fusillade cesse. L'armée entière a passé la Sambre et établit ses bivouacs entre Gilly et Fleurus, à l'entrée de la plaine de ce nom.

Le 16 juin, aux roulements de la diane tout le monde est sur pied ; bientôt un soleil magnifique se lève ; il fera une chaleur torride à midi. Nous cassons une croûte de pain, et buvons un bon coup à nos gourdes, qui sont pleines d'eau-de-vie.

Déjà des files de cavaliers se dirigent en avant, à travers les blés, en éclaireurs : ce sont les chasseurs de Pajol et les dragons d'Exelmans. Déjà les Prussiens se déploient devant nous et se montrent d'instant en instant plus nombreux. La plaine accidentée de Fleurus, dans laquelle va se livrer une des plus terribles batailles du siècle, présente l'aspect le plus imposant.

Au milieu de nous, derrière un petit renflement, s'élèvent la pointe d'un vieux clocher, les pignons couverts d'ardoises, et les toits de chaume de Fleurus, et sur notre droite se découvrent aussi des chaumières, quelques maisons et un autre clocher : c'est Lambusart. A deux kilomètres environ, en avant de notre ligne de bataille, le terrain se renfle en collines, au pied desquelles court le ruisseau de Ligny, peu profond, mais fangeux, bordé de saules et de hauts peupliers.

Sur ce cours d'eau se trouvent deux gros villages, Saint-Amand à gauche et Ligny à droite. Les maisons de ces localités, isolées les unes des autres, comme celles d'un grand nombre de villages de Belgique, sont assises au milieu de jardins et de vergers appelés *pâtures*, et que couvrent quantités d'arbres fruitiers ou de haute futaie. Seuls les deux clochers et quelques maisons se montrent à nos regards. Un peu plus loin on aperçoit Sombref. Derrière ces trois villages le terrain s'élève ; au sommet de ce talus on distingue le moulin de Bry, et derrière le moulin, dans un pli de terrain, le village de Bry lui-même, où les ennemis ont leurs réserves, et dont on n'aperçoit que le clocher.

Les Prussiens se trouvent dans ces deux villages de Saint-Amand et de Ligny, massés en nombre considérable dans les maisons, dans les vergers, dans les champs et derrière les haies, qui, dans ce pays, ont habituellement six à sept pieds de hauteur. Un grand nombre de pièces prussiennes, dont le bronze reluit au soleil, sont placées en batterie entre Ligny et Saint-Amand. De nombreuses colonnes ennemies descendent du plateau de Bry et s'engouffrent dans Saint-Amand et Ligny; les maisons sont rapidement crénelées et barricadées; les officiers postent leurs soldats derrière les haies,

Les divisions Lefol et Gérard marchent à l'attaque de Saint-Amand et de Ligny (16 juin 1815).

dans les jardins, derrière les petits murs et les baraques. L'épaisse rangée d'arbres qui borde le ruisseau de Ligny gêne fort notre vue; nous pouvons tout au plus distinguer, à travers quelques percées, les masses de l'armée prussienne accumulées sur le plateau de Bry, au nombre de quatre-vingt-douze mille hommes.

Notre armée ne compte sur ce point que soixante mille combattants. Le ravin, avec Saint-Amand et Ligny, à chacune de ses extrémités, se trouve entre deux. Vandamme doit attaquer le premier de ces deux villages et Gérard le second.

La surprise de Napoléon a été extrême lorsque, entré dans

Fleurus, que nos soldats occupent depuis le matin, on lui a annoncé la présence, entre Bry et Sombref, de masses prussiennes considérables, masquées en partie par des enclos, des massifs de bois et des fermes. « La position des Prussiens est à couvert, disent les premiers officiers qu'interroge l'empereur; on ne peut les voir. » Aussitôt il se porte sur la ligne des vedettes, suivi d'une escorte de chevau-légers-lanciers à l'uniforme vert, rehaussé par des passepoils et des parements amarantes.

Au milieu de cette plaine de Fleurus, et un peu sur notre droite, s'élève un moulin à vent en briques rouges, haut comme une tour. Napoléon s'y dirige et est reçu par le meunier, qui, tout ému de se trouver en face du *grand homme,* le fait monter par des échelles tremblantes jusqu'au toit de son moulin, d'où l'on peut examiner à l'aise le champ de bataille choisi par l'ennemi. Du haut de cet observatoire, Napoléon aperçoit très distinctement les trente mille hommes de Ziethen, rangés en première ligne dans Saint-Amand et Ligny. Descendu de ce moulin, il fait appeler auprès de lui Vandamme et Gérard, et leur montrant comme objectif les clochers des deux villages : « Tout à l'heure, dit-il, quand on entendra la canonnade de Ney, et à mon signal, vous vous porterez sur ce point d'attaque et pousserez les Prussiens à outrance. Je vous ferai soutenir. » L'empereur attend, en effet, avec impatience que le maréchal ait exécuté sa manœuvre de prendre l'ennemi à dos à Bry, pour commencer le combat.

Pendant ce temps le brave Gérard va reconnaître le terrain sur lequel il devra attaquer tout à l'heure, mais cette reconnaissance est sur le point de lui coûter la vie ou la liberté. Le commandant du 4e corps est accompagné du général de

Saint-Remy, son chef d'état-major, de plusieurs aides de camp et de quelques hussards de la compagnie d'élite du 6e régiment, ces derniers coiffés du large colback à fourragère jaune, la pelisse bleue à tresses jaunes jetée sur le dolman écarlate.

Cette reconnaissance a déjà parcouru la plus grande partie de la plaine, quand tout à coup nous voyons cette petite troupe tourner bride et revenir sur nous au triple galop. Un gros de cavalerie prussienne vient de se démasquer de derrière un bouquet d'arbres et la charge à outrance. Dans cette course rapide, sur un terrain coupé de fossés et couvert de blés très élevés et très épais, le cheval du général Gérard s'abat et désarçonne son cavalier. Tout ce qui accompagne le général fait aussitôt volte-face et met le sabre à la main. L'ennemi arrive sur le groupe français; on se mêle. L'aide de camp Lafontaine, après avoir tué deux uhlans prussiens et brisé son sabre sur un troisième, qu'il achève avec le tronçon, reçoit à bout portant une balle de pistolet dans les reins. Le général de Saint-Remy, grièvement blessé de plusieurs coups de lance, ainsi que quelques hussards de l'escorte, est mis à son tour hors de combat. Au milieu de la mêlée, un autre aide de camp, le capitaine Duperron, n'écoutant que son dévouement, descend de cheval et veut faire monter le général à sa place. Mais l'animation des chevaux et des hommes est si grande, on se bat de si près, que le général Gérard ne peut parvenir à se remettre en selle. Cette lutte inégale aurait probablement une issue funeste, si un régiment de hussards, placé aux avant-postes et commandé par le fils du maréchal Grouchy, accourant aux coups de feu, ne venait dégager le chef du 4e corps et sa petite troupe.

Cependant le temps s'écoule et Ney ne paraît pas. Après

avoir différé encore jusqu'à deux heures et demie, non sans étonnement et sans humeur, Napoléon se décide enfin, malgré le retard de son lieutenant, à attaquer la ligne de Saint-Amand à Ligny. Les moments sont précieux : en laissant finir la journée il risque de ne plus trouver l'occasion de battre l'armée prussienne isolée. Au même instant on bat le rappel dans tous les régiments, on rompt les faisceaux et l'on se forme en bataille. On nous commande de nous mettre l'arme au pied.

Le général Vandamme et son état-major arrivent au galop et passent sur le front de nos bataillons. Presque aussitôt la fusillade s'engage; des tirailleurs de notre division s'approchent de Saint-Amand, dont on aperçoit seulement la grosse tour ronde au-dessus des arbres. Six pièces de canon partent aussi, traînées par des soldats du train à veste grise, et se mettent en batterie, prêtes à tirer sur ce village. Le plus profond silence règne dans les positions prussiennes.

Soudain trois coups de canon tirés à intervalles égaux éclatent dans la direction de Fleurus. Puis un immense roulement de tambours retentit sur toute notre ligne. C'est le signal de l'attaque.

La réponse à ce signal ne se fait pas attendre. Un aide de camp de Vandamme arrive ventre à terre à notre division, qui compose la droite. Le général Lefol nous forme aussitôt en carrés et nous adresse une harangue chaleureuse, à laquelle nous répondons par des cris passionnés de : « Vive l'empereur ! » Nous formant ensuite en colonne d'attaque, il nous mène droit à l'ennemi. Impatients de notre longue inaction, nous avançons l'arme au bras et à pas rapides.

La plus vive allégresse règne dans nos rangs. Les sons d'une musique guerrière, des chants joyeux, de longues acclamations vibrent au loin dans la plaine. En approchant de Saint-Amand, le terrain va en pente ; des haies, des clôtures, des vergers précèdent le village, construit en grosse maçon-

La division Lefol lutte corps à corps avec les Prussiens dans Saint-Amand (16 juin 1815).

nerie, et dont on aperçoit les blanches murailles se détachant sur le fond sombre de verdure qui les entoure. Au delà se trouve le lit du ruisseau de Ligny, marqué par une bordure d'arbres très épaisse, à travers laquelle quelques éclaircies laissent apercevoir les petits shakos écrasés en toile cirée des réserves prussiennes, pourvues d'une nombreuse artillerie.

Les soldats de Blücher, embusqués derrière le rideau de

haies et d'arbres placés en avant de Saint-Amand, se tiennent immobiles, la main sur la détente du fusil; cependant les chants, les airs, les acclamations se rapprochent; bientôt ils deviennent plus distincts, on peut saisir les paroles; le cri de : « Vive l'empereur! » domine. Les Prussiens alors sont plus attentifs.

Tout à coup un feu épouvantable d'artillerie éclate : la mitraille, partant des abords du village, et les salves des batteries placées au-dessus font parmi nous de cruels ravages.

L'enthousiasme est trop grand pour que nous soyons ébranlés un seul instant. Sans brûler une seule amorce, nous abordons l'ennemi et pénétrons dans les jardins et les vergers. Un seul cri s'élève dans nos rangs : « Pas de quartier! »

Les Prussiens nous opposent une énergique résistance. Chaque arbre, chaque fossé, chaque clôture sont attaqués et défendus; on se fusille à bout portant. La rencontre d'une maison, sous cet épais fourré où le soleil pénètre à peine, est une bonne fortune pour les combattants; là point de retraite possible; on ne tire pas, on se poursuit, on lutte corps à corps, on se tue à coups de baïonnette, dans les chambres, dans les greniers et jusque dans les caves. Des jardins et des vergers nous entrons dans le village, malgré les obstacles dont on a obstrué les rues, malgré le feu des fenêtres. L'église, son cimetière et les maisons sont rapidement emportés, et les Prussiens sont à la fin rejetés sur le ruisseau. La possession de ce mince filet d'eau, coulant au fond d'un fossé taillé à pic et dont les bords, sur toute l'étendue du village, n'ont pas moins de deux à trois pieds d'élévation, devient l'objet d'efforts longs et acharnés.

Nous finissons par nous en rendre maîtres, et, enhardis par ce succès, nous nous engageons dans un chemin creux, bordé de murs d'enclos en pierres sèches, qui monte au plateau de Bry. Tout fuit devant nous, et nous allons couronner cette importante position, quand une masse d'habits bleus couchés dans les blés ou derrière les murs d'enclos se lèvent soudain et nous accablent par une violente fusillade à bout portant. Ce sont les six bataillons de la réserve de Steinmetz. Sous ce feu meurtrier, nos jeunes soldats s'arrêtent, tourbillonnent un instant et battent en retraite, regagnant Saint-Amand à toutes jambes, la giberne et le sabre-briquet sautant sur les reins.

Les Prussiens nous poursuivent en poussant de formidables hourras. Mais, arrivés au village, nous nous arrêtons de nous-mêmes, nous jetant dans les maisons, derrière les murs, les haies, les troncs d'arbres, et nous recevons à notre tour par de rapides feux à volonté l'ennemi, qui est obligé de se replier sur ses réserves, rangées en amphithéâtre sur le talus que surmonte le moulin de Bry.

Bientôt des masses épaisses d'infanterie prussienne descendent de ce plateau au pas de charge, en faisant entendre des cris furieux : on dirait une gigantesque volée de corbeaux. A la vue de ces insolents Prussiens, un frisson de rage et de haine nous saisit. Nous savons par les habitants du pays qu'ils se sont vantés de nous avoir, l'année dernière, ramenés depuis Dresde jusqu'à Paris, en nous faisant courir devant eux comme des lièvres, et que bientôt ils y retourneraient. Toutes ces vanteries nous ont révoltés, nous ne demandons plus qu'à tout massacrer.

Ces Prussiens, il faut l'avouer, déploient un grand courage, et, entrant en colonne serrée dans Saint-Amand, nous délogent des premières maisons, où ils s'établissent solidement. Attaqués par nos soldats avec une impétuosité qu'exalte jusqu'à la frénésie la désertion du misérable Bourmont, les ennemis se défendent avec fureur.

Alors s'engage une suite de combats furieux, empreints de la férocité des guerres civiles, car la haine connue des Prussiens contre nous a provoqué dans nos rangs une sorte de rage, et on ne leur fait pas de quartier, pas plus qu'ils ne nous en font à nous-mêmes. Durant plusieurs heures, nos deux partis, tantôt vainqueurs, tantôt vaincus, jamais lassés, se disputent corps à corps, pied à pied, la possession de chacune des positions qui couvrent le village et le ravin.

Le brave général Lefol, l'épée à la main, la tête nue, les habits criblés de balles, maintient ses conscrits inébranlables sous ce feu terrible de mitraille, qui renverse tout autour de lui, officiers et soldats.

L'artillerie, mêlant les coups de ses obus et de ses boulets à la mousqueterie des fantassins, jette l'incendie dans plusieurs fermes placées à l'extrémité de Saint-Amand. Les flammes sont impuissantes pour arrêter les efforts des soldats engagés dans ces édifices; on les voit se fusiller, se poursuivre à la baïonnette, se frapper à coups de crosse au milieu des chambres, des granges et des écuries en feu. Il semble que chacun d'eux ait rencontré dans son adversaire un ennemi mortel et se réjouisse de trouver enfin le moment de la vengeance. Nul ne demande quartier. Le village est pris et repris plusieurs fois. Ce combat peut être considéré comme un des plus acharnés dont l'histoire fasse mention.

En même temps sur notre droite retentit une canonnade terrible. Une heure environ après notre attaque, les troupes du général Gérard se sont à leur tour élancées sur Ligny, grand et fort village, aux vastes enclos découverts, aux fermes spacieuses, et traversé par une large rue qui permet

Bataille de Ligny. (D'après Bellangé.)

aux combattants de se mêler par masses. Le combat y est, en ce moment, dans toute sa force; de Saint-Amand nous apercevons de grandes masses de fumée blanche s'élever en tourbillonnant au-dessus du massif d'arbres que surmonte la flèche de l'église de Ligny.

Le général Gérard se couvre de gloire sur ce point, et y montre autant d'intrépidité que de talent. Témoin de sa brillante valeur, Napoléon s'écrie : « Si j'avais quatre lieutenants comme Gérard, les Prussiens seraient perdus; je lui dois bien le bâton de maréchal ! » Et, se tournant vers ses officiers, il ajoute : « Il se peut que dans deux heures d'ici le sort de la guerre soit décidé; cela dépend de Ney. S'il exécute bien mes ordres, il n'échappera pas un canon de l'armée prussienne; elle est prise en flagrant délit. » Mais à Ligny comme à Saint-Amand le caractère de la bataille reste le même; nous avons conquis les villages qui nous séparent des Prussiens, sans pouvoir aller au delà, en présence de leurs réserves rangées en amphithéâtre jusqu'au moulin de Bry.

Blücher, dont l'énergie et le patriotisme ne se découragent point, lance sur Saint-Amand les restes de ses divisions. Ces troupes fraîches débouchent dans le village; mais Lefol, redoublant d'art et de courage, se maintient inébranlable sur sa conquête. Cependant il est à bout de ressources; il envoie un de ses officiers à Napoléon en lui disant : « Allez informer l'empereur que s'il m'envoie du renfort les Prussiens seront enfoncés; dites-lui que j'ai perdu la moitié de ma division, mais que, si je suis soutenu, la victoire est assurée. » Déjà, en effet, plus de quatre mille cadavres français et prussiens jonchent les rues et les abords de Saint-Amand, où le combat continue toujours.

Ce n'est plus une bataille, c'est une véritable boucherie; la charge bat de tous côtés; ce n'est qu'un cri : « En avant! Pas de quartier! » Impossible de décrire la furie dont sont animés nos soldats; ils ne font pas de prisonniers, ils tuent. Le ravin en face de Saint-Amand et de Ligny n'existe plus en quelque sorte, les cadavres l'ont comblé. On y voit quatre Prussiens pour un Français. L'acharnement avec lequel on se bat fait frémir ceux-là mêmes qui sont le plus habitués à contempler de sang-froid les horreurs de la guerre. Nos conscrits sont devenus furieux et, ayant épuisé toutes leurs munitions, demandent à grands cris *des cartouches et des Prussiens*. Furieux de notre résistance invincible, Blücher, marchant lui-même à la tête de ses soldats ralliés, tente sur Saint-Amand une attaque des plus vigoureuses, et reparaît dans les avenues de ce village couvertes de ses morts; mais la division Girard accourt enfin à notre aide, et, dans un dernier effort, repousse de nouveau l'énergique vieillard, qui prodigue pour sa patrie un courage inépuisable.

Girard, soldat intrépide, doué de la bravoure la plus brillante, se met à la tête de ses soldats, les entraîne, culbute à la baïonnette tout ce qui veut s'opposer à sa marche, franchit le ravin et s'élance sur le plateau de Bry. Ce vaillant général, qui a déjà reçu deux blessures à Lutzen, a annoncé, le matin même de la bataille, qu'il ne survivra pas aux désastres de la France, si elle doit être encore vaincue. Sa prédiction se réalise en partie. Au moment où il pose enfin le pied sur le plateau de Bry, il tombe mortellement blessé. Les deux généraux de brigade de Villiers et Piat sont mis hors de combat.

Le brave Tiburce Sébastiani, colonel du 11e léger, prend alors le commandement de cette division, qui a perdu ses trois généraux ainsi que le tiers de son effectif, et réussit par des prodiges de valeur et de présence d'esprit à se maintenir en avant de Saint-Amand.

Blücher, à la vue des troupes de sa droite, qui se retirent en désordre, rassemble quelques escadrons pour arrêter les soldats de Gérard; mais la division Habert entre en lutte à son tour, et, se cachant dans les blés qui sont mûrs, attend sans se montrer la cavalerie prussienne et la laisse s'avancer jusqu'à demi-portée de fusil. Alors nos soldats se lèvent et font feu à bout portant sur l'ennemi, qui se replie en désordre. Grâce à ces efforts combinés, nous restons maîtres de Saint-Amand et de Ligny, sans réussir néanmoins à dépasser le cours sinueux du ruisseau.

Ne pouvant repousser les Prussiens, Napoléon se résout à les anéantir. Découvrant une éclaircie dans la rangée d'arbres qui borde le ruisseau et à travers lesquels on aperçoit les corps de Ziethen et de Pirch Ier, disposés les uns derrière les autres jusqu'au moulin de Bry, il fait amener sur-le-champ quelques batteries de la garde, qui, prenant ces masses en écharpe, y causent bientôt d'affreux ravages. Chaque décharge emporte des centaines d'hommes, renverse les canonniers ainsi que les chevaux, et fait voler en éclats les affûts des canons. Contemplant cet horrible spectacle, Napoléon dit à Friant, qui ne le quitte pas : « Tu le vois, le temps qu'ils nous font perdre leur coûtera plus cher qu'à nous, » et il ajoute : « Si cela continue seulement une heure de plus, il ne restera debout dans la plaine que l'armée française. »

Les deux armées se pressent de toutes parts; des centaines de canons font trembler la terre; le combat continue toujours avec un acharnement indicible.

Napoléon s'est placé sur une petite éminence, d'où il peut tout voir. A peine s'y est-il installé, que deux ou trois boulets viennent ricocher à ses pieds et le couvrent de terre; alors il change de place en disant : « Je vois qu'il est temps d'en finir ! » Aussitôt après ces mots, un nouveau boulet passe à trois pieds de lui et tue un chasseur de l'escorte, dont le corps va rouler dans les jambes de son cheval.

Il est six heures du soir. Les troupes de Ney ne paraissent toujours pas. Il est tard, et, comme vient de le dire Napoléon, il faut en finir avec l'armée prussienne pour être en mesure le lendemain de courir à l'armée anglaise. L'empereur envoie aussitôt une partie de la jeune garde, sous le général Duhesme, vers Saint-Amand au secours de notre division épuisée, et la vieille garde ainsi que la grosse cavalerie dans la direction de Ligny. Pendant ce temps, notre artillerie continue l'horrible canonnade, qui, prenant en flanc les masses prussiennes, produit tant de ravages parmi elles.

A la vue de la garde qui s'ébranle pour nous secourir, les troupes de Vandamme à gauche, celles de Gérard à droite poussent des cris de joie. Les acclamations de : « Vive l'empereur ! » sont réciproquement échangées. Il est temps que ce secours nous arrive, car nous sommes épuisés et nous nous maintenons à peine sur ce monceau de ruines et de cadavres qui fut le village de Saint-Amand. Prenant à notre droite, les troupes d'élite de Friant et Duhesme se précipitent dans le fond du ravin, précédées de sapeurs qui abattent les arbres et les haies à grands coups de hache, de manière à livrer passage à une compagnie déployée. Une sorte de silence d'attente règne chez ces admirables troupes, fières de l'honneur qui leur est réservé de terminer la bataille.

En ce moment, le soleil, se couchant derrière le moulin de Bry, éclaire de ses derniers rayons la cime des arbres, et Napoléon donne enfin le signal si impatiemment attendu de l'attaque à la baïonnette. En un clin d'œil le ruisseau est franchi, et la garde gravit au pas de charge la berge opposée, afin d'aborder la hauteur où se trouvent les restes de l'infanterie prussienne soutenue par toute la cavalerie.

A la vue de ces vieux soldats, une sorte de commotion électrique galvanise nos forces abattues, et nous courons sur leurs traces, le fusil à l'épaule. Tout monte vers le plateau. Il fait déjà sombre, et les lignes prussiennes se dessinent en zigzags de feu sur la côte. La garde s'avance lentement, silencieuse et compacte; tous ces hommes d'élite marchent de front, alignés et calmes comme en un jour de revue; tous ont l'arme au bras. Les canons prussiens tonnent et vomissent la mitraille. La forêt de bonnets à poil qu'ils ont devant eux subit alors, dans sa partie la plus rapprochée, ce mouvement d'ondulation qu'imprime un fort coup de vent aux hauts épis d'un champ de blé. Le balancement s'affaiblit et s'efface. La colonne se remet en marche; elle semble moins profonde, mais le pas des soldats est toujours aussi ferme et aussi lent; les fusils sont aussi droits, les files aussi égales, aussi serrées; on n'entend pas un coup de feu, pas le moindre cri.

Une seconde décharge éclate : on a tiré de plus près. L'oscillation à la surface des premiers rangs est plus prononcée que la première fois; comme la première fois, les bonnets et les fusils, après s'être lentement penchés à plusieurs reprises de la gauche à la droite et de la droite à la gauche, se redressent. La colonne se meut de nouveau; elle avance, toujours lente, toujours silencieuse; son front, toujours aligné comme un mur, ne présente aucun vide. La lueur des canons prussiens brille une troisième fois. Quand la fumée se dissipe, la colonne apparaît s'avançant toujours dans le même ordre.

A la vue des longues capotes noires et des pantalons bleus de nos grenadiers, Blücher, ne reconnaissant plus l'habit bleu à revers blancs et retroussis blanc, ainsi que la culotte et les hautes guêtres blanches qui caractérisaient autrefois la garde impériale, les prend pour des bataillons de garde nationale mobilisée et lance sur eux sa cavalerie, croyant en avoir bon marché; mais le feld-maréchal prussien est rapidement détrompé, en voyant nos grenadiers recevoir intrépidement la charge par un feu à bout portant qui couvre la terre de cavaliers ennemis. En même temps l'infanterie de Vandamme et de Gérard envahit le plateau sur deux points, tandis que les cuirassiers de Milhaud s'élancent sur la cavalerie prussienne, la désorganisent et la sabrent. Le bruit dominant devient alors semblable à celui que feraient un grand nombre de chaudronniers à l'ouvrage; ce sont les coups de sabre qui tombent sur les casques et sur les cuirasses.

Blücher veut rallier ses soldats; il est renversé de cheval. Nos escadrons lui passent sur le corps. Bientôt ils sont ramenés, et Blücher, toujours étendu sous sa monture, est foulé une seconde fois par eux; les cavaliers prussiens, qui poursuivent nos cuirassiers, et que l'obscurité empêche de reconnaître leur général, le touchent à leur tour du pied de leurs chevaux. Pendant un quart d'heure Blücher reste, tout meurtri, au pouvoir de nos troupes. Ce n'est pas sans difficulté qu'on le relève de dessous le corps de sa monture. Tout meurtri de contusions, il parvient enfin à remonter sur le cheval d'un dragon hanovrien et à s'échapper.

La victoire est décidée. L'infanterie prussienne essaye vainement de tenir pour couvrir la retraite de sa cavalerie. Les ennemis, abordés à la baïonnette par notre infanterie, sabrés par notre cavalerie, lâchent pied partout. Il est plus de huit heures du soir; l'obscurité commence à envelopper cet horrible champ de bataille, et de la droite à la gauche la victoire est complète. Malheureusement Ney n'a pu déboucher à temps des Quatre-Bras, et le village de Bry n'est pas occupé.

La garde impériale, formée en carré sur le plateau de Bry, repousse la cavalerie prussienne (15 juin 1815).

Cette fatalité sauve l'armée ennemie, qui file tout entière par ce village; l'obscurité de la nuit favorise sa retraite sur Sombref. Moins de soixante mille hommes viennent d'en battre quatre-vingt-quinze mille.

Quarante pièces de canon et six drapeaux sont tombés en notre pouvoir, à peine avons-nous fait une centaine de prisonniers. En revanche le terrain est couvert de vingt-cinq mille Prussiens environ, tués ou blessés, tandis que notre perte totale ne s'élève qu'à six mille neuf cent cinquante hommes hors de combat. L'armée prussienne est tellement désorganisée, que, le lendemain, Blücher peut à peine rallier trente mille de ses soldats.

Le soir, Napoléon va complimenter dans leurs bivouacs nos régiments, qui se sont battus toute la journée. A la vue de leur empereur, tous ces braves gens se précipitent au-devant de lui en agitant leurs shakos, en brandissant leurs armes et en poussant des cris d'enthousiasme. Sa vue seule les transporte. Quelques paroles, un sourire, un salut de la main, un signe de tête de Napoléon, suffisent à récompenser cette foule de braves qui viennent de vaincre et à les dédommager de leurs dangers et de leurs souffrances.

A la lueur des nombreux incendies qui éclairent la plaine comme en plein jour, l'empereur visite successivement les villages de Saint-Amand et de Ligny.

Dans l'intérieur de Saint-Amand les morts français et prussiens sont presque en nombre égal, mais au delà du ruisseau on ne voit qu'un monceau de cadavres prussiens. Ces malheureux, s'étant obstinés à reprendre Saint-Amand, ont couvert de leurs corps les approches du village. Sur le talus en arrière jusqu'au moulin de Bry, l'artillerie de la garde ayant pris en écharpe les réserves prussiennes, les cadavres d'hommes, de chevaux, les débris de canons, couvrent la terre et présentent un spectacle satisfaisant pour nous, mais cruel pour l'humanité.

A Ligny l'aspect devient atroce. Là le combat s'est livré dans l'intérieur du village; on s'est battu corps à corps, et égorgé avec toute la fureur des guerres civiles. Les morts français et prussiens s'y trouvent dans la même proportion, et l'on ne voit pas autre chose que des cadavres, car les habitants ont fui leurs demeures ou se sont cachés dans leurs caves. Quelques blessés gémissants sont les seuls êtres vivants dans cette espèce de nécropole.

En sortant de Ligny, et en gravissant le terrain sur lequel

la garde impériale a décidé la victoire, les cadavres sont encore presque exclusivement prussiens, et, en faisant de ces débris humains une triste comparaison, on peut dire que dans l'ensemble il y a quatre Prussiens morts pour un Français.

Jamais armée française n'avait porté des coups plus terribles. Fantassins, cavaliers, artilleurs de la ligne et de la garde, tous les soldats avaient été admirables. Mais, hélas! c'était là le dernier rayon de soleil qui venait éclairer les drapeaux de la grande armée : l'aigle impériale n'était plus dans le secret des dieux.

FIN

TABLE

29685. — Tours, impr. Mame.

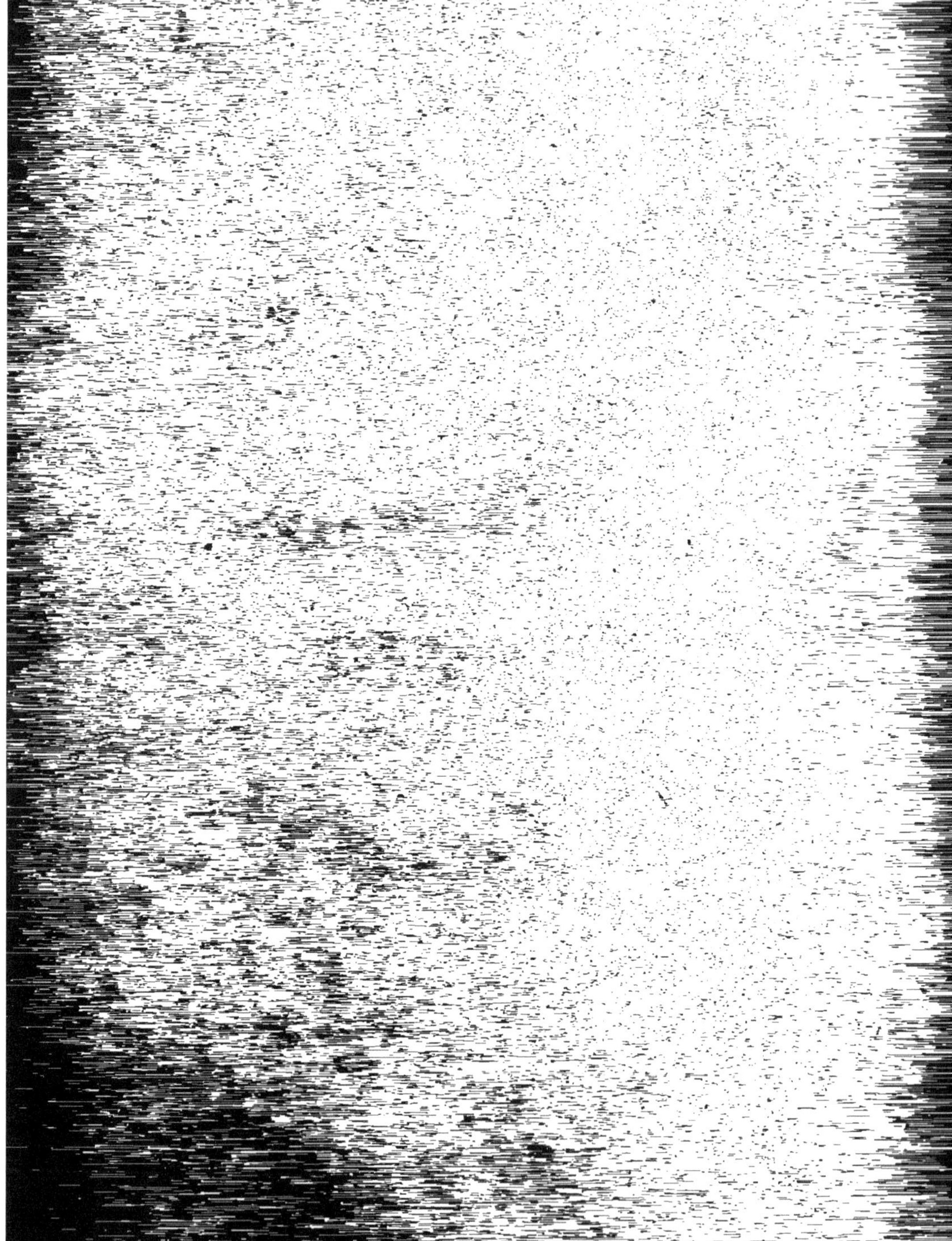